AF503315

INVENTAIRE
F 18745

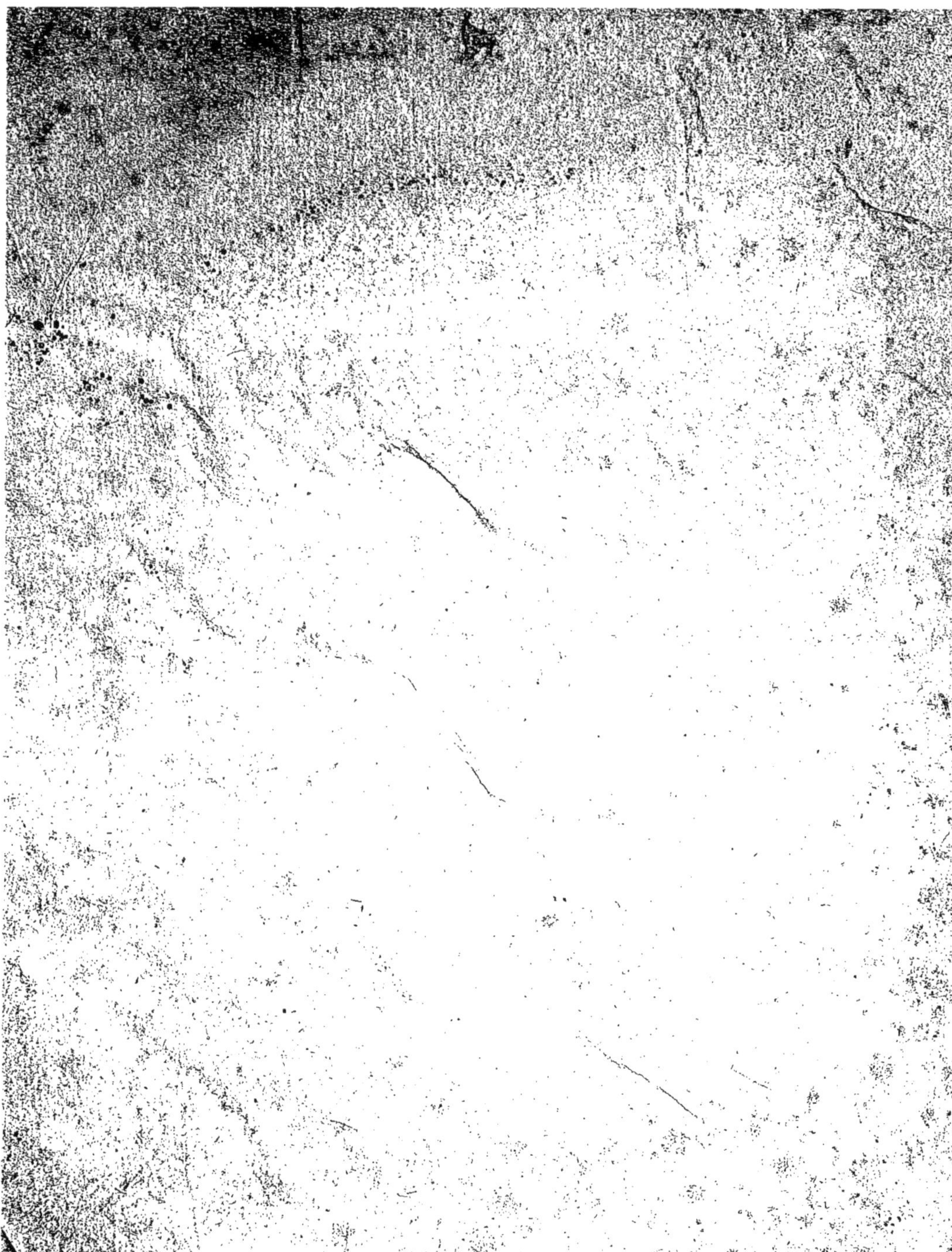

# OBSERVATIONS

## SUR LE PROJET

## DE

# CODE CRIMINEL.

18745

# OBSERVATIONS
## SUR LE PROJET
## DE CODE CRIMINEL;
### OU DE L'EXCELLENCE
## DE L'ORDONNANCE DE 1670;

PAR M. CRUSSAIRE,

*Avoué en la Cour d'Appel de Paris*,

Faisant suite à l'Ouvrage de Mr GACH, intitulé :

*Des vices de l'Institution du Jury en France.*

---

A PARIS,

Au Palais de Justice;
Et chez RONDONNEAU, au Dépôt des Lois, rue Saint-Honoré,
en face des Jacobins.

AN XIII, 1er de l'Empire. — 1805.

# PRÉFACE.

Les bonnes Lois traversent les siècles et survivent aux révolutions des Empires ; toutes celles qui ne sont pas fondées sur la vérité, tombent tôt ou tard. Les Lois romaines avec tout ce qui s'est trouvé de mieux dans le Droit français, en sont un exemple frappant ; car tout cela se retrouve comme par une heureuse et sage fusion dans le Code de notre nouvelle Législation civile.

C'est sur ce principe qu'il faut croire que les grandes lumières du dernier siècle ont légué, non-seulement à nous, mais encore à la postérité, les Codes incomparables de la Procédure civile et criminelle que renferment les Ordonnances de 1667 et 1670.

En effet, quant à la première, les sages et prudens *Rédacteurs* du Projet de Code de la Procédure civile ont cru devoir la laisser subsister dans tout ce qui leur a paru utile et d'accord avec l'état actuel des choses (*Avertissement du Projet*) ; pourquoi n'en serait-il pas de même de l'Ordonnance criminelle ? elle émane de la même source, et l'importance de son objet ne permet pas de penser qu'elle ait été rédigée avec moins de maturité (1). Alors la Procédure par Jurés n'était pas inconnue ; mais on prévoyait qu'on n'en pourrait recueillir que des fruits amers ; et l'essai qu'on en fait depuis quinze ans, ne justifie-t-il pas cette vérité ? Une lutte s'était engagée dans un moment d'enthousiasme et d'illusion ; la préférence avait été donnée sur notre Législation, à une Institution éblouissante au premier aspect. Mais, osons le croire, ce grand procès, porté maintenant au tribunal de la réflexion et de l'expérience, sera jugé en faveur de l'Ordonnance de 1670, qui, n'en doutons pas, a été appropriée au génie et au caractère du Peuple français.

Personne n'ignore, en effet, que chaque peuple a toujours eu une forme particulière pour intenter, instruire et juger les accusations. Elle ne peut pas être la même dans un État populaire et dans une Monarchie. Dans le premier, comme à Rome, l'accusation, la défense et la condamnation étaient publiques, parce que le Peuple seul était Souverain, et jugeait.

La double instruction du crime et de l'innocence par *Jurés*, qui subsiste en Angleterre, est assez analogue à la Constitution de l'État, qui est populaire ou

---

(1) *Jamais*, dit un grand Historien, *on n'apporta tant de solennité à un Ouvrage si important.* (Abrég. chron. de l'Hist. de Fr. Tom. 2. p. 633).

semi-populaire. D'ailleurs leur fidélité à garder leurs Institutions atteste leur sagesse et prouve moins en faveur de ces Institutions que contre nous, qui en paraissons presque aussi avides que de leurs modes.

Cependant le mauvais succès de l'institution du Jury en France, n'a pas réduit ses partisans au silence : ils insistent (1); mais on maintient souvent par amour-propre ou par entêtement, ce qu'on avait proposé d'abord dans des vues très-louables. Il se serait donc trompé, dit-on, le grand homme (Mr Thouret), qui l'a fait adopter à l'Assemblée constituante. Eh! qui peut le nier? Sujet à l'erreur comme les autres hommes, ce qu'il a fait a passé presque aussi rapidement que lui; sa sagesse aurait égalé ses talens, s'il n'avait pas voulu réaliser son rêve de tout régénérer dans l'ordre judiciaire; non pas qu'il n'y ait encore des hommes supérieurs en talens dans la science des Lois, qui desirent de bonne foi la Procédure par Jurés, car elle est proposée dans le Projet de Code criminel lui-même, qui, à la vérité, parut avant le rétablissement du Trône, et lorsque nous étions encore en République.

Heureusement aussi que les partisans même de l'Institution, lui reconnaissent des parties essentiellement vicieuses.

(1) Mr *Bourguignon* vient de mettre au jour un nouveau Mémoire.

Mais on ne peut mieux en juger qu'en se reportant d'une part aux *Observations du Tribunal de Cassation*, du 20 septembre 1802, et au Compte rendu le même jour au Gouvernement, par le *Grand-Juge*, des Observations qu'il a recueillies sur les parties de la Législation (1); et d'autre part aux *Observations* qui seront données sans doute par les Tribunaux sur le Projet de Code criminel; et enfin à l'Ouvrage de Mr *Gach* (2), qui frappe par la force de ses raisonnemens et de ses preuves : ce qui me fait prendre rang après lui, tout indigne que j'en suis.

Il est à remarquer que tous ceux qui s'élèvent avec tant de raison contre la Procédure par Jurés, sans en excepter Mr *Gach*, semblent ne faire consister le vice de l'Institution et l'impossibilité d'en remplir le but, que dans le caractère, les mœurs et les habitudes de la Nation; on avance même que l'institution du Jury est une des belles conceptions de l'esprit humain.

Je suis loin d'accorder cette proposition; et je doute

---

(1) Ces Discours sont à la suite du Projet de Code criminel in-8°., qui se vend chez *Garnery*, libraire.

(2) Ouvrage qui se vend chez *Petit*, libraire, Palais du Tribunat.

que

que les Anglais qui, dit-on, se trouvent bien du Jury qui remonte chez eux à l'origine de leur Gouvernement, soient de bonne foi, si ce n'est en ce sens, qu'il vaut mieux s'en tenir aux Institutions que l'on a, que d'en changer (1). Nous pouvons apprécier mieux que personne, la sagesse de cette maxime, nous qui savons par expérience ce que valent les changemens, les réformes, les innovations.

Mais si j'avais à examiner le Jury en lui-même, je nierais qu'il fût, même en théorie, d'une heureuse conception; au contraire, ce serait, selon moi, une hérésie, un monstre dans l'ordre social et judiciaire: car, quoi de plus étrange que, tandis qu'il est universellement reconnu qu'il faut des Magistrats pour prononcer sur l'honneur et les biens, il faille des intermédiaires lorsqu'il s'agit de la vie! Quoi! vous ferez, dans ce cas, l'injure aux Magistrats, qui ont d'ailleurs toute votre confiance, de leur préférer des Jurés qui, certainement, n'auront pas comme eux les lumières, l'instruction, l'habitude, l'intégrité.

L'habitude de voir des coupables, dites-vous, produit l'insensibilité; mais cela suppose que l'exercice continu des fonctions du Magistrat peut le corrompre; ce qui est faux. S'il juge des coupables, ne juge-t-il

---

(1) C'est l'avis de J.-J. Rousseau, dans son Discours sur le Gouvernement de Pologne.

pas aussi des innocens ? Ceux-ci devraient donc opérer sur son âme l'effet contraire. Organe de la Loi, il doit être impassible comme elle ; et sa voix doit bien plus fortement retentir au fond de son cœur, que celle de la pitié ; car la Loi est la conscience du Magistrat : sans cela, et s'il se livrait à des sentimens naturels, souvent la punition épargnerait le crime pour tomber sur l'innocence. Ayez des Juges craignant le Souverain Juge (1), aimant leur état, et fidèles à leurs devoirs ; et croyez qu'ils auront toujours assez de sensibilité pour tempérer dans l'occasion la rigueur des Lois, sans en contrarier l'esprit.

N'est-ce donc rien, dit-on, que l'avantage d'être jugé par ses *Pairs* ? Je réponds que mes Pairs-nés et légitimes sont les Magistrats établis pour rendre la Justice, et non des hommes qui, souvent, n'en ont pas la moindre idée, et qu'on en dispense ; des hommes dont l'âme versatile et vénale peut aussi facilement dire du coupable : *il est innocent*, que de l'innocent : *il est coupable*. Jugé par ses Pairs ! Quel danger y aurait-il donc de s'en remettre au Magistrat ? On ne fait pas attention que cette exclusion honteuse avilit excessivement sa dignité ; et c'est la mépriser que de ne lui laisser que le triste rôle d'appliquer la Loi : car alors il n'en est plus ni le ministre ni l'organe ;

---

(1) Mr *d'Aguesseau*. Disc. sur les mœurs du Magistrat.

l'erreur l'en aurait dépouillé pour en revêtir des hommes indignes d'elle.

On abuse ici des termes ; on n'est vraiment jugé par ses Pairs, dans l'acception propre, que lorsque, par exemple, un Corps, une Compagnie serait établie pour prononcer dans un cas grave, sur l'état et la vie d'un de ses Membres. Il n'en est pas ainsi d'un Peuple qui, si l'on veut, est un grand Corps, mais qui ne peut pas plus se juger soi-même que se gouverner.

Mais mon dessein n'est pas de parler du Jury ; assez d'autres en prouveront mieux que moi l'impossibilité morale. J'ai à montrer d'abord qu'il n'y a rien de mieux à faire que de s'en tenir pour le fond à l'Ordonnance de 1670. Pour cet effet, j'en déroulerai toute l'économie, au moins en substance; car bien des gens se sont élevés contre elle sans la connaître, et d'autres en ont oublié les dispositions ou méconnu l'esprit. Je proposerai ensuite quelques réflexions sur le Projet de Code criminel, abstraction faite de ce qui est relatif au Jury.

Dans cette vue, je tâcherai de ramener à l'idée que l'on doit avoir de ce beau Code de Louis XIV, en examinant le mérite des reproches qu'on lui a faits, et qui ont porté à lui substituer la Procédure par Jurés, et les Lois nouvelles qui en sont la conséquence.

Ainsi, je diviserai mon travail en trois parties.

Dans la première, je parlerai de l'Ordonnance de 1670.

Dans la seconde, de l'Instruction proposée au Projet de Code criminel.

Dans la troisième, des peines qui y sont indiquées.

Puissent mes efforts n'être pas inutils ! et je dois l'espérer, pour peu qu'on veuille conserver ce qui est bon dans nos Ordonnances, et n'élaguer que ce qui est inconciliable avec l'état actuel des choses. Mais pénétré que je suis de mon insuffisance, je compte beaucoup sur l'indulgence de mes Lecteurs.

# OBSERVATIONS
## SUR LE PROJET
## DE
# CODE CRIMINEL,
## OU
## DE L'EXCELLENCE DE L'ORDONNANCE DE 1670.

## PREMIÈRE PARTIE.

*L'instruction prescrite par l'Ordonnance de 1670 est d'une haute sagesse, et le fruit de l'expérience des siècles.*

Les Lois sont l'égide de l'honneur, des biens, de la vie des hommes; elles garantissent leur sûreté, règlent leur liberté: sur les Lois repose le bonheur commun; elles sont le fondement de l'ordre public.

Quiconque fait ce que les Lois défendent, trouble cet ordre, les soulève et provoque leur vengeance; la société entière y est intéressée.

Les Lois sont presque inutiles à l'homme sage; mais qui le garantirait de la malice humaine? Il en fallait pour enchaîner les méchans.

Aussi, à remonter à la plus haute antiquité, voit-on que toujours le Législateur a recherché avec soin les moyens propres à s'assurer des coupables, sans les empêcher de justifier leur innocence.

Mais qu'il s'écoula de siècles dans les plus honteux essais! Quelle profonde ignorance jusqu'au règne de Louis IX, sur l'administration de la Justice!

*Code criminel de nos Ancêtres.* Les Lois anciennes appelées le Code des Barbares, avaient toutes été rédigées dans le 5e siècle; elles traitaient presque uniquement du vol, du meurtre, des injures, des violences, des rebellions et des sacriléges. On y voit la forme des jugemens qui se rendaient dans de grandes assemblées, où toutes les personnes de distinction étaient contraintes de se trouver. On entendait des témoins; et faute de ce genre de preuve, on recourait au combat et aux épreuves; la simplicité de ce temps-là faisait croire que le Ciel devait faire des miracles en faveur de l'innocence.

La qualité des peines est remarquable pour la plupart des crimes; c'étaient des amendes pécuniaires ou des coups de fouet pour ceux qui n'avaient pas de quoi payer; les crimes d'État seulement étaient punis de mort.

Cependant peu-à-peu les Francs imitèrent les mœurs romaines, dont les Lois décidaient les cas particuliers; et les Lois furent réformées et augmentées d'abord par *Childebert* et *Clotaire*, puis par *Dagobert*.

Cet ancien droit, corrigé par les Capitulaires, et en 778 par le Code Théodosien, se fût soutenu et vraisemblablement amélioré sans le renversement de toutes choses, suite funeste du partage de l'Empire de Charlemagne entre les enfans de Louis-le-Débonnaire; les 10 et 11e siècles ne furent qu'anarchie et confusion universelle; des guerres particulières très-fréquentes s'élevèrent entre les Ducs et les Comtes, et tous ceux qui pouvaient défendre leurs toits. Tout le monde, jusqu'aux Evêques, les Prêtres et les Moines, se tenaient armés pour se garantir du pillage. Ces petites guerres tenaient beaucoup des anciennes mœurs; car outre le duel pour décider les cas obscurs, un droit appelé *faide* permettait aux parens de celui qui avait été assassiné, de tuer le meurtrier, quand il n'avait pas satisfait à la peine pécuniaire appelée *composition.*

Malgré cette confusion il y avait quelques formes de justice; les gens du peuple appelés *Roturiers*, étaient jugés par les Nobles ou Chevaliers, ou autres personnes audacieuses qui s'emparaient de la puissance publique, et qui avaient déjà, par le droit de leurs charges, l'exercice de la Jurisdiction. Ils faisaient la guerre et levaient des impôts; ils jugeaient souverainement. La France était pleine de serfs qui faisaient partie de la *Glèbe*; les peines des crimes et délits étaient cruelles; on crevait les yeux; on coupait un pied, une main; d'où vient qu'il est si souvent parlé dans l'histoire du temps de mutilation de membres.

Par un privilége singulier et assez naturel dans ces temps-là, les Chevaliers et Châtelains étaient jugés par leurs Pairs, formant la cour du Comte qui présidait aux jugemens; comme aussi les Comtes par leurs Pairs, formant la cour des Ducs et Marquis.

Alors Louis IX parut comme une lumière dans les ténèbres de l'ignorance et de la barbarie ; il abolit le combat judiciaire dans ses domaines. L'abolition de cet usage barbare, dit un grand Magistrat (M. *Séguier*), la suppression de l'usage plus insensé encore des épreuves par l'eau et par le feu, ont rétabli le cours ordinaire de la Justice. On vit paraître *les Etablissemens de Saint Louis*, Code dicté par la raison, heureux moyen employé par la sagesse de ce Prince religieux pour préparer la renaissance du droit public. L'esprit humain parut sortir d'une longue léthargie; on se hâta de revenir aux Lois humaines, *à ces Lois immortelles*, dit l'illustre d'Aguesseau, *qui ne présentent pas tant le droit particulier de l'Empire, que le droit général des nations.*

*Origine du secret de la procédure et d'un Accusateur-public.*

La France connut alors une Législation plus conforme à la justice; l'expérience avait appris que les accusés connaissaient, par l'information publique, et le crime qu'on leur imputait, et les témoins qui pouvaient déposer contre eux, ce qui ouvrait la porte à la fraude et à la subornation ; d'autre part, les crimes restaient impunis, faute par les parties civiles de les dénoncer, parce qu'elles n'osaient et ne voulaient, ou ne pouvaient en avancer les frais; de là les Ordonnances de 1536, 1539 et 1560, qui chargèrent les Juges d'informer, aux frais du Roi, des crimes et délits qui leur seraient dénoncés; de là la nécessité d'établir un *Accusateur public*, qui, désintéressé par état, écarterait tous les soupçons de haîne, de vengeance et de fraude dans la recherche du crime. Ainsi le Procureur-général du Roi était seul chargé de cet important ministère; et l'Ordonnance de Philippe IV, de 1334, nous apprend que dès ce temps-là, on ne pouvait plus informer qu'à sa requête; la procédure ne pouvait plus être publique, puisque le Roi lui-même se chargeait de la poursuite des criminels.

Voilà

Voilà d'où vient le secret de la Procédure, c'est de l'abus reconnu de la publicité même; ensorte que la Procédure restait ignorée jusqu'au décret. L'Ordonnance de Charles VII, donnée au mois d'avril 1443, fait assez sentir le danger de cette publicité par les précautions mêmes qu'elle prend; les art. 30, 31 et 32 portent :

« Les Prisonniers seront amenés tout droit ès-prisons du » Parlement, *sans pouvoir s'arrêter*, à peine par l'Officier-» conducteur, de perte d'office et d'amende arbitraire, et de » suite mettront au Greffe les informations, confessions, char-» ges (instruites ès-premières Jurisdictions) du Prisonnier, *qu'ils* » *ne laisseront parler à personne*, à peine d'être griévement » punis ».

Louis XII, *le père du Peuple*, a trouvé ces mesures si sages, qu'il a consacré le secret de l'instruction d'une manière particulière; il veut ce secret jusqu'à la confrontation; le Juge alors ordonnait par un jugement, que les témoins produits par l'Accusateur public, seraient récolés et confrontés, et en même temps, que l'accusé nommerait ses témoins. (Art. 107 de l'Ordonnance, à Blois en 1498).

Par l'art. 110, ce Prince exprime énergiquement le motif de la nécessité de ce secret par ces termes :

« Le Procès se fera le plus diligemment et secrétement » possible, de manière qu'aucun n'en soit averti, pour éviter » *les subornations et forgemens* qui pourraient se faire ».

L'art. 111 détermine la manière dont commencera la justification de l'accusé; et toujours en gardant le même secret; il est ainsi conçu :

« Les récolemens et confrontations, même la vérification » de l'*alibi* ou autres faits, s'il y en a de recevables pour

» ou contre le prisonnier, se feront *le plus secrétement possible*, en manière qu'aucun n'en soit averti ».

Voilà la Procédure criminelle sous Louis XII; cette Ordonnance était plus rigoureuse que celles qui ont suivi; car il en résulte que c'était le Juge qui, d'office, admettait les faits justificatifs, sans même que l'accusé en fût prévenu.

Cette Ordonnance a été suivie de celle de 1507, rapportée dans les Conférences de Guénois, et renouvelée par celles de François Ier, de 1535 et 1536.

Voilà pour le secret de la Procédure, prescrit, dit M. *Pussort*, pour éviter les piéges et la subornation; et parce qu'il n'y a d'autre Accusateur que le Procureur-général, qui ne peut être soupçonné de poursuivre un accusé par vengeance et animosité, parce que la partie publique n'a pas d'intérêt de faire déclarer coupable un accusé (Procès-verbal de l'Ordonnance de 1670, tit. II, art. 7).

Venons à la défense de l'accusé.

*Défense de l'accusé.*

Il paraît, par la dernière de ces Ordonnances, que le secret de la Procédure tant recommandé, n'en était pas mieux gardé; car sans ôter à l'accusé le droit de se défendre, elle recule le moment où il pouvait être admis à proposer ses faits justificatifs; mais elle ne laisse pas aux Juges la faculté d'admettre indifféremment tous ces faits; elle les oblige à faire eux-mêmes le choix de ces faits, *pour opérer la justification ou valider les reproches*.

L'Ordonnance de 1539, donnée à Villers-Cotterets, est venue corroborer ces mesures : ainsi que l'Ordonnance de 1670, elle n'admet l'accusé à se défendre qu'après *la visite du Procès;* et par une bonne raison, car la plupart des accusés ne pouvant contester la réalité du crime, font ce qu'ils peuvent pour échapper à la vindicte publique; la malice des hommes, plus ingénieuse à violer la Loi que la Justice n'est attentive à la défendre, a démontré que si on permettait encore aux accusés de proposer dans le principe de l'accusation, leurs faits justificatifs, le Jugement qui leur accorderait cette permission serait pour eux un titre et une assurance d'impunité; sous prétexte de faire leurs preuves, les accusés éluderaient indirectement celles qui pourraient les convaincre. Il résulte des dispositions de la Loi, que si les faits sont admis, l'accusation, dit le grand Magistrat déjà cité, qui prévient dans sa marche la défense de l'accusé, pour empêcher le dépérissement des preuves, est obligée d'attendre à son tour la preuve des faits justificatifs. Ainsi l'accusation et la défense se réunissent au moment du Jugement; et cette règle d'instruire l'accusation avant tout, prévient les inconvéniens qui doivent naître de la diversité et de la contradiction des deux Instructions qu'on ferait à-la-fois sur des faits opposés.

Pourquoi encore l'Ordonnance de 1670 a-t-elle fixé la preuve des faits justificatifs après la visite du Procès? C'est que le Juge voit alors plus sûrement le rapport entre les faits à prouver et les preuves existantes, et qu'il est en état de connaître si les faits articulés ne sont pas détruits d'avance par les dépositions des témoins.

Le récolement n'a été introduit qu'en faveur de l'accusé, et parce qu'anciennement le Juge ne procédait pas lui-même à l'audition des témoins, comme l'atteste *Fontanon* dans une note sur l'art. 153, qui veut que les témoins soient récolés par le Juge, sans dire qu'ils doivent tous l'être; ce qui a amené à l'usage de ne pas récoler les témoins à décharge. Il n'y a que les témoins confrontés qui fassent charge contre l'accusé, parce qu'il ne s'agit encore que de la preuve du crime; il sera question ensuite de la preuve de l'innocence, car la déposition des témoins à décharge n'est pas rejetée du Procès; elle y demeure, et c'est là peut-être où le Juge puisera les faits justificatifs.

Aux termes des art. 154 et 155, l'accusé doit donner ses reproches promptement de vive-voix, en présence du témoin qui lui est confronté, et n'y est plus reçu après. M. *Dumoulin* convient en effet que si auparavant la confrontation, l'accusé avait fait écrire ses reproches, qu'il emploierait sans les réciter, il n'y serait pas recevable; *car*, dit ce grand Jurisconsulte, *ce pourrait être une occasion de faire forger des faits de reproches par Avocats.*

« S'il se trouve que l'accusé ait allégué faits justificatifs » ou reproche valable, le Ministère public requierra que » l'accusé soit promptement tenu de nommer ses témoins » (Art. 157).

» Et sur les conclusions, verra le Juge diligemment le Procès, » et sera extrait des faits recevables si aucuns y a à décharge, » soit pour justification ou reproche, lesquels il montrera à » l'accusé et lui ordonnera de nommer promptement ses témoins » qui seront ouïs *ex officio* par le Juge (Art. 158, 159).

Cette Ordonnance est devenue Loi générale; et l'éloge en est fait par l'illustre auteur de l'Abrégé chronologique de l'Histoire de France, lorsqu'il dit *qu'on avait attendu bien longtemps à faire une si sage Ordonnance ;* le Chancelier d'Aguesseau, le plus ami de l'humanité, tient le même langage (Tom. II, édit. in-4°, pag. 633).

Cette obligation de nommer sur-le-champ les témoins, ne s'exécute jamais à la rigueur vis-à-vis des accusés. En effet,

« s'ils ne sont pas mémoratifs, dit M. le Procureur-général » *Bourdin*; s'ils ont oublié quelque chose, on leur accorde » un bref délai », mais qui n'est jamais assez long pour en abuser; et alors c'est une condescendance qui ne peut être contraire à l'esprit du Législateur; et il n'y a rien là de rigoureux que pour ceux qui préfèrent l'intérêt d'un seul à l'intérêt général, qui veut que le crime soit puni, et que la justice emploie tous ses moyens pour découvrir le coupable.

Ici il faut remarquer que les Ordonnances d'Orléans de 1560, de Moulins de 1566, de Blois de 1579, ont toutes pour objet la réformation de la Justice. Elles ont *été* rendues sur les plaintes, doléances et remontrances des trois États du Royaume; et dans toutes ces Lois solennelles où la Nation entière, dit un grand Magistrat, demandait pour ainsi dire justice à son Souverain, on ne trouve aucune réclamation contre l'Ordonnance de François I^er^, consacrée par celle de 1670.

Comme les témoins non-confrontés ne font preuve (art. 8 du titre 9), c'est aux Juges, porte l'art. 15, à décider si le témoin mérite ou non de l'être; ce qui se fait lors du Réglement, si la déposition *fait charge considérable*.

Or les Magistrats, ainsi que le Ministère public, sont là au-dessus de tout soupçon de prévention, de haîne et de vengeance; le Lieutenant criminel réglait le Procès à l'extraordinaire seul, s'il le jugeait à-propos; on en faisait le rapport à la Chambre dans des accusations délicates; et encore ce Jugement d'instruction était-il susceptible d'appel; et la Déclaration de 1694, comme l'art. 24 du tit. 2 de l'Ordonnance de 1670, ordonne que le Réglement à l'extraordinaire sera jugé par le Tribunal entier.

D'ailleurs, après l'interrogatoire, le Président demandait

toujours à l'accusé s'il n'avait rien à dire pour sa défense. Il est même arrivé que des accusés, au sortir de l'interrogatoire, se sont rappelé qu'ils avaient oublié des faits justificatifs; la Cour les a fait rentrer, les a entendus, et a ordonné la preuve quand le fait lui a paru de nature à prouver *l'innocence*. Les Magistrats n'ont rien qui épouvante les innocens; les criminels seuls tremblent et pâlissent devant eux; et s'ils peuvent en soutenir la vue avec assurance, ce sentiment ne vient que de la confiance qu'ils ont dans un Défenseur adroit, ou dans une punition trop faible pour en être effrayés.

*Faculté à l'accusé de prendre un Conseil.*

Mais l'Ordonnance de 1670 prive-t-elle les prévenus d'un Conseil? Non: aussitôt après la confrontation, ayant connaissance des charges, ils peuvent librement communiquer et conférer avec leur Conseil. Ainsi qu'à Rome, il est souvent arrivé que les accusés n'ayant pu trouver d'Avocats, la Cour leur en a nommé un d'office.

Mais en grand criminel un Conseil est-il bien nécessaire? Combien, *dit M. Talon*, qui, par une critique trop scrupuleuse, trop sévère des formalités, ont fait évanouir la preuve du crime! Et n'a-t-on pas vu plus haut, Dumoulin lui-même, ne vouloir pas contre les témoins *de reproches par Avocats*? L'Ordonnance d'ailleurs a prévu le reproche de nullité qu'on pourrait élever contre une partie ou la totalité de l'Instruction, *en laissant au devoir et à la religion des Juges* d'examiner avant le jugement s'il n'y a point de nullités dans la procédure (Art. 8, tit. 14).

Au fond, l'accusé ne sait-il pas ce qu'il a fait ou n'a pas fait, aussi certainement que le témoin sait ce qu'il a vu ou entendu? Dans un Procès criminel il n'y a, le plus souvent, qu'un fait principal, c'est d'avouer ou nier ce fait; de prouver que le crime a été commis par un autre, ou que l'accusé n'a pas pu le commettre. A quoi bon un Conseil pour répondre sur un fait si simple! la préparation marque bien plus le desir de trahir la vérité, que la volonté de lui rendre hommage.

L'art. 8 du tit. 14 fut rédigé conformément au sentiment de MM. *Delamoignon*, *Talon* et *Pussort*; de manière qu'il n'a pas été permis de donner un Conseil dans les crimes simples, dont la preuve ne dépend que de la déposition des témoins; mais dans tous les crimes compliqués, tels que « *le Péculat, la Concussion, les Banqueroutes frauduleuses,* » *le Vol des commis ou associés en finances ou de banque;* » *fausseté de pièces, suppositions de part, où il s'agira de* » *l'état des personnes*, les Juges pourront ordonner, si la » matière le requiert, après l'interrogatoire, que les accusés » communiqueront avec leurs Conseils ou leurs Commis ». *Restriction.*

Mais, dit-on, pourquoi, même dans un crime simple, ne pas donner un Conseil à des hommes qui n'entendent pas la Loi? Celui qui est en état de connaître un crime, est en état de se justifier; mais la véritable réponse est dans l'Ordonnance: les accusés ont un Conseil-né qui veille à leurs intérêts; c'est le Ministère public. Avant cette heureuse Institution, les grands inconvéniens de la publicité de la défense s'étaient fait sentir, et la Loi ordonne que la déposition de chaque témoin sera rédigée *à charge et à décharge*; c'est la disposition précise de l'Ordonnance de Blois, suivie par celle de 1670. Encore une fois, le Ministère public est l'homme de la Loi; vengeur du trouble apporté dans la Société, il est en même temps le conservateur de la vie, le gardien de l'honneur des Citoyens.

Et ce Magistrat lui-même n'est pas sans responsabilité;

lorsqu'un crime public est poursuivi du propre mouvement de la partie publique, elle doit compte à la Justice du motif qui a déterminé sa démarche. Si l'accusation est jugée calomnieuse, l'accusateur légal est exempt de reproche quand, pour remplir son devoir, il accuse un Citoyen mal famé et véhémentiquement suspect; sa qualité excuse l'usage de ses fonctions; mais il peut être condamné lorsqu'il y a dol apparent et calomnie évidente; il y a d'ailleurs la peine de forfaiture en cas d'abus de pouvoir; et à cet égard, les Lois ont des dispositions très-précises.

*Calomnie prouvée contre ceux qui accusent l'Ordonce d'excès de sévérité envers les prévenus.*

Cependant on a allégué que l'Ordonnance de 1670 ne s'occupait que de la recherche du coupable, et n'envisageait jamais les dangers de l'innocence.

Que ce reproche est gratuit!

1°. C'est cette Loi qui ordonne qu'en cas de partage entre la vie et la mort, entre l'absolution et la condamnation, l'accusé sera renvoyé absous.

3°. C'est elle qui, loin d'envisager l'accusé comme coupable, présume au contraire son innocence jusqu'à sa condamnation; et les précautions qu'elle prend pour s'assurer de sa personne, n'ont d'autre but que de prévenir l'abus qu'il pourrait faire de sa liberté.

3°. C'est cette Loi qui veut qu'à nombre inégal de Juges, s'il n'y a d'un côté qu'une voix de plus, le jugement doit passer à l'avis le plus doux.

4°. C'est elle qui ordonne que la déposition des témoins décédés avant le récolement sera rejetée, et ne sera lue lors de la visite du Procès, à moins qu'ils n'aillent à la décharge de l'accusé, auquel cas la déposition sera lue.

5°.

5°. C'est elle qui, après avoir ordonné que la déposition des témoins récolés et non confrontés, ne fera pas preuve contre l'accusé, ordonne que dans la visite du Procès il sera fait lecture de la déposition des témoins à décharge, quoiqu'ils n'aient été récolés ni confrontés ; pour y avoir égard par le Juge.

6°. C'est elle qui se dépouille de toute son autorité, et permet à l'accusé de faire entendre toutes sortes de témoins, même ceux qui ne seraient pas admis en tout autre cas, même ceux qui lui ont été confrontés, même ceux qu'il a valablement reprochés, sans se départir de ses reproches.

7°. C'est elle qui ne s'oppose point à ce qu'il fasse entendre ses alliés au degré prohibé, le frère et la sœur, le mari pour la femme, celle-ci pour le mari, quoique tous lui soient attachés.

Voilà cette Loi trop dure, cette Loi qu'on accuse d'excès de sévérité pour les prévenus ; et si l'Ordonnance est rigoureuse sur le choix des faits justificatifs, n'est elle pas plus qu'indulgente sur le choix des témoins ? Elle porte l'attention jusqu'à ordonner qu'ils seront assignés *et ouïs d'office* par le Juge, afin que si l'accusé ne trouvait pas dans sa mémoire le nom des témoins, le Juge qui connaît tout le Procès pût suppléer au défaut de mémoire de l'accusé, et indiquer d'office les témoins dénommés dans les interrogatoires et confrontations ; il doit même rejeter d'office ceux qui seraient contraires à eux-mêmes dans leurs dépositions ; et les Ministres de la Loi doivent naturellement desirer de faire triompher l'innocence ; on ne pourrait leur supposer un sentiment contraire sans outrager la Magistrature.

*Raison de ne pas motiver les Arrêts.*

Enfin on s'est plaint de ce que les Cours n'exprimaient pas les motifs dans leurs Arrêts, soit au Civil, soit au Criminel ;

cela résulte de l'art. 3 du tit. 24 de l'Ordonnance, qui porte que les conclusions seront données par écrit cacheté, *et ne contiendront les raisons sur lesquelles elles sont fondées.*

Pour l'intelligence de ce fait, il faut savoir qu'anciennement les premiers Juges employaient dans leurs jugemens la formule, *pour les cas résultans du Procès*, et les Cours prononçaient par *atteint et convaincu.*

Cet usage a changé depuis que les premiers Juges ayant été dispensés de venir ès-Cours rendre compte des motifs de leurs Jugemens, il ne leur a plus été permis d'insérer cette formule; il leur fut enjoint de spécifier *la nature des crimes* dont ils prononçaient la réparation (*Imbert, pratiq. liv.* 3, *ch.* 10).

Mais ils n'obéirent pas aisément à ce changement; il fallut plusieurs Réglemens pour les contraindre à insérer dans leurs Jugemens, les faits et circonstances du crime dont les accusés seraient déclarés *atteints et convaincus.* C'est depuis, et notamment depuis les Réglemens de 1640 et 1650, que les Cours ont mis dans leurs Arrêts *pour les cas résultans du Procès*, parce qu'en matière criminelle les Arrêts étant toujours rendus publics par l'impression et l'affiche, le vu en contient nécessairement les circonstances; et par conséquent on était à même de connaître la nature du crime et l'objet de la réparation, d'autant que les Cours ne pouvaient que confirmer ou infirmer la Sentence dont était appel; parce que *l'appel était de droit*, toutes les fois qu'il y avait dans la Sentence *peine afflictive*, la vie et l'honneur étant des biens auxquels on ne peut renoncer volontairement; elles jugeaient de nouveau sur la Procédure envoyée au Greffe, et le prisonnier transféré à la Conciergerie; ensorte que *l'atteint et convaincu* des premiers Juges, ne subsistait pas moins dans le *vu* de l'Arrêt.

# SECONDE PARTIE.

*OBSERVATIONS sur le Projet de Code criminel.*

Ce Projet est divisé en deux Parties ; la première traite des Délits et des Peines ; la seconde, de la forme de procéder pour en acquérir la preuve. En tout 1169 Articles.

Donnons d'abord une idée de cette seconde Partie.

## DE L'INSTRUCTION.

Elle signale, quoique assez confusément, trois espèces de Tribunaux pour la poursuite et la punition des crimes et délits.

D'abord *la Police*, sous le double rapport du maintien de l'ordre public, ou de la répression pour contraventions aux Lois, et de la recherche et preuves des délits, pour en livrer les auteurs aux Tribunaux compétens.

En second lieu, *les Tribunaux d'Arrondissemens*, qui, outre les affaires civiles qui leur sont attribuées, connaissent des matières correctionnelles dont la peine n'est ni afflictive ni infamante, ni la relégation, ni la forfaiture, et qui, néanmoins, excède dix jours de détention, plus de 50 francs d'amende et la confiscation.

En troisième lieu, *un Tribunal criminel* dans chaque

Département, pour connaître et juger les délits emportant peine afflictive ou infamante, la relégation et la forfaiture, et par appel des Jugemens des Tribunaux correctionnels dans les cas indiqués par les articles 681, 705 et 722.

Il y aura un Tribunal de Police dans le ressort de chaque Justice de Paix, qui sera tenu par un Juge ou Suppléant pris dans le Tribunal d'Arrondissement; par le Juge de Paix du lieu de la contravention, et par un Citoyen pris dans ledit ressort.

Quant au Tribunal jugeant correctionnellement, trois Juges seulement le composeront.

Je ne parlerai pas des Tribunaux criminels, dont l'organisation et l'instruction se rattachent à la Procédure par Jurés; je n'en dirai qu'un mot au sujet de la proposition faite de créer des *Préteurs* pour tenir *des grands jours*.

Viennent ensuite,

1°. *Les demandes en cassation*; 2°. *la revision des Procès criminels*; 3°. *la manière dont seront reçues les dépositions des Membres des Autorités constituées*; 4°. *quelques règles relatives aux écrits répandus et affichés*; 5°. *la Procédure sur le Faux*; 6°. *les Contumax*; 7°. *la Procédure contre des Juges*; 8°. *les règles sur les délits contraires au respect dû aux Autorités*; 9°. *la reconnaissance de l'identité des condamnés repris*; 10°. *la Procédure en cas de perte ou enlèvement de pièces*; 11°. *les Réglemens des Juges*; 12°. *les renvois d'un Tribunal à un autre*; 13°. *les moyens d'exécution des Jugemens*; 14°. *le Jury de Famille*; 15°. *la police des Prisons*; 16°. *les moyens d'assurer la liberté individuelle contre les actes arbitraires*; 17°. *le droit de faire grâce*; 18°. *la réhabilitation des Condamnés*; 19°. *la prescription*.

Reprenons.

## DE LA POLICE JUDICIAIRE.

Elle s'exerce par les Adjoints-Maires et les Maires, le Commissaire de Police, les Gardes champêtres ou forestiers, les Magistrats de Sûreté, les Juges de Paix, les Officiers de Gendarmerie, le Préfet de Police de Paris, les Commissaires-généraux de Police, et par les Propréteurs.

Les Adjoints-Maires, les Maires, les Commissaires de Police recherchent et constatent les contraventions et les délits emportant une peine correctionnelle, par les Rapports des Gardes champêtres et forestiers (*art.* 457 *jusques et compris* 475).

Les Magistrats de Sûreté sont chargés, concurremment avec les Adjoints-Maires, les Maires, le Commissaire de Police, les Juges de Paix et Suppléans, les Officiers de Gendarmerie, le Préfet de Police de Paris, les Commissaires-généraux de Police, 1°. de recevoir les dénonciations et plaintes pour délits méritant peine afflictive ou infamante, la relégation ou la forfaiture, ou même une peine correctionnelle en certains cas; 2°. de constater, par des Procès-verbaux, les traces des délits; 3°. de recueillir les indices et les preuves qui existent sur les prévenus; 4°. de les traduire devant les Propréteurs (art. 480).

### *OBSERVATIONS.*

En multipliant ainsi les Officiers dans la recherche des délits, et en les faisant concourir à cette fin, le but des Magistrats-Rédacteurs du Projet est sensible; ils ont voulu que le coupable ne puisse échapper, et qu'il y ait grande diligence dans les préliminaires.

Mais de cette multiplicité d'Officiers, de cette concurrence, naîtront la confusion, l'insouciance, et par conséquent les lenteurs; car l'un se reposera sur l'autre : ils puiseront leur excuse dans le défaut de salaire ou de responsabilité; ou bien celui qui montrera plus de zèle ou de talens, fomentera la jalousie des autres, et peut-être leur haîne et leur animosité. Il ne faut que connaître les hommes, et avoir vécu dans les campagnes et même dans les villes, pour convenir de cette vérité. Un mécanisme compliqué ne va jamais bien; celui de la recherche des crimes ne saurait être trop simple. Jadis le Substitut du Procureur du Roi était seul chargé des premières poursuites; et le Juge du lieu du délit ou de la capture, avait la prévention; il recevait seul l'affirmation des Rapports des Gardes messiers ou champêtres et forestiers, et statuait par des amendes et réparations, sur les contraventions de Police, et même sur les délits qui méritent aujourd'hui d'être punis correctionnellement; et les choses n'en allaient pas plus mal.

*Art.* 460 *et* 486 *du Projet.* Semblable inconvénient naîtra de ces articles qui autorisent le Commissaire de Police ou le Magistrat de Sûreté d'un Arrondissement où ils sont à plusieurs, d'exercer respectivement l'un sur l'autre; qui les force à se suppléer en cas d'empêchement. Ce droit de concurrence sera matière à difficultés, aussi bien que cette nécessité de se suppléer; car il n'est personne qui n'aime à jouir entièrement de sa chose; personne qui n'abuse de la complaisance d'un autre, s'il le peut impunément.

*Art.* 463 *et* 465 *du Projet.* Dès qu'il y aura un Garde champêtre dans chaque Commune rurale, et même un Garde forestier dans les lieux qui seront déterminés, à quoi bon des Gardes champêtres particuliers? Le Garde commun souvent en opposition avec le Garde particulier, jamais ils ne seront d'accord, parce que les contraventions ou délits qui seront constatés par l'un, accuseront presque toujours l'autre de négligence ou de partialité. Ne vaudrait-il pas mieux que la Loi gardât le silence sur ce Garde particulier ? car chacun peut, de droit commun, faire garder ses propriétés par qui il lui plaît; inutile donc d'y être autorisé par la Loi.

L'article 498 charge le plaignant des frais du Procès, à moins qu'il ne se désiste, auquel cas il ne paye que ceux faits jusqu'au désistement; mais alors il arrivera souvent que le crime restera impuni par le silence même que la partie lésée gardera, de peur des frais. Quand les Seigneurs étaient justiciers, ils frayaient aux premières poursuites des délits qui se commettaient dans leurs Districts, à l'exception des cas royaux; le plaignant n'en doit pas être chargé par le fait de l'insolvabilité du prévenu, quand le délit emporte peine afflictive ou infamante, relégation ou forfaiture. S'il en était autrement, l'ordre public offensé serait souvent trahi.

Aussi l'Ordonnance de 1670 ne charge la partie civile que des frais du transport du prisonnier et du port de la Procédure; et encore était-ce le Domaine, quand le plaignant était insolvable (tit. 1er., art 6). Cette distinction est d'une haute importance dans ses effets; et si l'article 16 du titre 25 chargeait encore la partie civile des frais nécessaires à l'instruction, au moins l'affranchissait-elle *des épices, droits, vacations, droits et salaires des Greffiers*; mais toujours le Domaine en restait chargé en cas d'insolvabilité, qui se prouvait par un Procès-verbal de carence.

## *Des Tribunaux de Police.*

*Art.* 618, 619, 620 *et* 635 *du Projet.* Le Juge de Police, qui doit être un Suppléant ou Juge du Tribunal d'arrondissement, sera-t-il bien curieux d'aller pendant un an, une fois par mois, rendre la Justice au chef-lieu de chaque Justice de Paix? Il ne faut pas que le Juge se déplace si l'on veut qu'elle se rende strictement et diligemment. Le Juge de Paix est là comme Assesseur avec un autre Citoyen, parce que les Auteurs du Projet ont compris que la compétence des Juges de Paix ne saurait être trop restreinte; et ils ont raison : nous avons démontré, dans nos Observations sur le Projet de Code judiciaire, qu'on pouvait sans danger, la réduire à peu-près à zéro. Mais quel inconvénient y aurait-il d'attribuer la connaissance des contraventions aux Tribunaux d'Arrondissemens? Certes ils sont assez multipliés pour cela, et assez près des justiciables. Alors ceux-ci iraient trouver leurs Juges, et les choses seraient dans l'ordre, et il n'y aurait pas à côté de la Justice de Paix un Tribunal non moins inutile pour prononcer, quoi ? une amende de 50 fr. ou 10 jours de détention, ou la confiscation; car voilà le *maximum* de la compétence des Tribunaux de Police (art. 641); alors disparaîtrait la chétive rétribution, d'ailleurs peu convenable, attribuée au Juge de Police par l'art. 620 du Projet.

*Art.* 617, 626, 633, 634 *et* 636 *du Projet.* Ces articles sont relatifs *à l'Assesseur*, qui doit être choisi par le Sous-Préfet, et pris parmi les Citoyens les plus imposés du ressort de la Justice de Paix, ou remplacé par un autre plus imposé de la Municipalité où siégera le Tribunal. Par là les Rédacteurs ont desiré pour Assesseur un homme environné d'une certaine considération.

Mais

Mais tout le monde sait que l'aisance et l'ignorance vont souvent ensemble ; qu'au contraire la probité et l'instruction se trouvent souvent dans la médiocrité et la misère. Cependant, par le mode proposé, ce sera là un motif d'exclusion ; et l'art 627 va même jusqu'à n'admettre pour Assesseur *aucun Adjudicataire de biens nationaux ou communaux*, comme si cette qualification, nécessairement transitoire comme les temps qui l'ont enfantée, devait figurer dans un Code de Législation qui ne doit retracer aucun douloureux souvenir, dont la sagesse doit défier les âges futurs par les leçons des siècles passés, et qui ne peut flétrir gratuitement qui que ce soit!

En même temps qu'une médaille civique est accordée à l'Assesseur qui en aura rempli trois fois les fonctions (*art.* 627), il est puni d'une amende et même de la peine d'emprisonnement en cas d'absence volontaire (*art.* 633 *et* 636). Voilà d'une part un bien faible véhicule à l'intérêt ou à l'amour-propre ; et de l'autre une mesure bien sévère en punition d'une simple absence à un poste qu'on n'aurait peut-être pas accepté si on eût été consulté; soit parce qu'on fait peu de cas d'une mission si éphémère, émanée du choix arbitraire ou du Sous-Préfet, ou du Maire, ou de son Adjoint; soit parce qu'on se brouille avec ses Concitoyens, parens ou amis qui sont du même village, et souvent côte à côte, en concourant au jugement de condamnation qu'il s'agit de rendre contre eux; inconvénient que n'éprouve jamais un Juge, et un Juge inamovible établi par état pour rendre Justice à tous, sans acception de personnes. Quelle indécence pour la Justice et ses Ministres, que le spectacle d'un Assesseur, traîné par un Gendarme à son propre Tribunal! Quel scandale de voir cet Assesseur se débattre dans le même Tribunal où il est appelé comme Juge! Cela résulte, en effet, de l'art. 634 du Projet, portant que son opposition à la contrainte décernée contre lui par le Directeur des Domaines, sera reçue dans les cinq jours de la signification, s'il prouve qu'il a été légitimement empêché.

---

Art. 652 du Projet. *Les témoins feront serment, à l'Audience, à peine de nullité, de parler sans haîne et sans crainte, de dire la vérité, toute la vérité, rien que la vérité.*

## *OBSERVATIONS.*

Cet Article présente des difficultés, et ne remplirait pas le but que se proposent les Rédacteurs. En effet elle sera donc nulle la déposition, si le témoin a déguisé ou n'a pas dit *toute la vérité, rien que la vérité.* Que de ressources à la chicane! que de débats naîtront de ces expressions tirées encore de nos Docteurs les Anglais! Elles seront une échappatoire assurée; les prévenus redoubleront d'efforts pour persuader que les témoins qui les auront chargés, ont été mus par un sentiment de haîne ou par la crainte, ou qu'ils n'ont pas dit toute la vérité. Lorsque, par exemple, un homme aura été vu le soir, ou dans un temps obscur, escaladant le mur d'un jardin, monter sur un Poirier, en cueillir et abattre les fruits, et en couper les branches qui sont retrouvées sur place; et parce que ce témoin, de bonne foi se sera trompé non d'individu, mais de fruits, en déposant que c'était un *Pommier*, sa déposition sera écartée comme ne renfermant pas *toute la vérité.* Autre exemple: *Pierre* abat *un Charme* dans la forêt voisine; il est rencontré rentrant chez lui; le délit est constant, et cependant la déposition sera rejetée, parce que le témoin entendu n'aura pas dit *toute la vérité*, en déposant de bonne foi que c'est un Baliveau de *Chêne* dont il a vu *Pierre* chargé.

Il semble que les Magistrats qui ont présidé à la rédaction de l'Ordonnance de 1670, aient prévu les dangers dont nous parlons; car voici comme est conçu l'art. 5 du tit. 6 :

« Les témoins *prêteront serment*, et seront enquis de leurs » noms, surnoms, âge, qualités et demeure, et s'ils sont » serviteurs ou domestiques, parens ou alliés des parties, et » en quel degré; et de tout sera fait mention, à peine de nullité » de la déposition, et des dépens, dommages et intérêts des » parties contre le Juge ».

Il a paru suffisant aux *Lamoignons*, aux *Talons*, aux *Pussorts*, d'exprimer, *les témoins prêteront serment*; pourquoi? Parce que l'honnête homme qui jure devant Dieu de dire la vérité, la dit toute entière; c'est-à-dire, qu'il dit toujours tout ce qu'il sait sans déguisement, sans restriction. Au contraire l'homme sans foi, sans religion, cet homme qui ne craint ni Dieu ni les hommes, jurera de dire la vérité, toute la vérité, rien que la vérité, tout ce que l'on voudra, avec ou sans haîne, avec ou sans crainte, et il mentira à la Justice dans sa déposition, sans scrupule et de sang-froid, s'il croit le pouvoir impunément.

L'article cité du Projet pourrait, comme l'article cité de l'Ordonnance, prescrire aux témoins de déclarer leurs noms, surnoms, âge, qualités et demeure; s'ils sont parens, alliés et à quel degré, puisque c'est ce qu'exige l'art. 844 du Projet dans l'Instruction criminelle; et nous ne voyons pas pourquoi cela serait inutile en Tribunal de Police ou correctionnel, d'autant qu'il y a, pour ces trois Tribunaux, mêmes motifs de rejet contre les témoins s'ils sont père, mère ou autres ascendans, enfans ou autres descendans du prévenu, frère ou sœur, ou alliés aux degrés ci-dessus, femme ou mari, même après le divorce (*art.* 653, 688 *et* 848 *du Projet*).

Ces trois Articles qui se répètent, pourraient n'en faire qu'un; comme on devrait fondre en un seul les art. 652 et 844 précités.

Cependant ces cinq articles du Projet seraient encore moins complets que le seul art. 5 de l'Ordonnance, qui rend le Juge responsable des dépens, dommages et intérêts des parties en cas d'omission dans l'une ou l'autre des dispositions qu'il prescrit; et c'est ce que ne porte aucuns des articles cités du Projet, qui prononcent seulement la nullité de la déposition; mais dès que cette nullité est le fait du Juge, pourquoi ne serait-il pas passible des frais et même de l'indemnité due, soit au Gouvernement, soit au plaignant, si, par cette nullité, la preuve de la contravention du délit ou du crime est manquée.

*L'art. 667 du Projet*, autorise le pourvoi en cassation, contre les Jugemens des Tribunaux de Police rendus en dernier ressort, et contre ceux des Tribunaux d'Arrondissement sur l'appel des Jugemens de Police; et cependant point de pourvoi pour les Sentences des Justices de Paix rendues en dernier ressort, ni pour les Jugemens des Tribunaux d'Arrondissement, sur l'appel de ces Sentences, quoiqu'assimilés par l'art. 664 du Projet, aux Jugemens de Police sujets à l'appel; point de pourvoi aux termes mêmes de la Loi de création des Justices de Paix.

C'est qu'on a senti que le pourvoi trop facile serait un mal pire que le remède même; on a compris que ce serait un prétexte à la chicane, et un moyen de perpétuer les procès souvent de peu d'importance; la nécessité de consigner l'amende n'arrêtera personne, puisqu'un Certificat d'indigence en dispense le misérable. D'ailleurs le Législateur considérera qu'il importe beaucoup au maintien de la paix publique et au respect dû aux Décisions des premiers Juges, de ne pas trop familiariser les justiciables avec l'idée que les Jugemens de Police ne sont pas irréformables. La soumission des uns se gradue sur les pouvoirs plus ou moins étendus des autres.

Si nous le concevons bien, les Tribunaux de Police du Projet devraient, ainsi que les Justices de Paix, naturellement entrer dans l'amalgame des attributions des Tribunaux d'Arrondissement. Si au contraire on croit ces Tribunaux de Police utiles, leur organisation nous paraît défectueuse, et loin du degré de perfection qu'on a droit d'attendre des grandes lumières qui ont rédigé les Projets de Codes judiciaire et criminel, et qui en préparent en ce moment la discussion.

---

## DES TRIBUNAUX D'ARRONDISSEMENT, *touchant les matières Correctionnelles.*

*L'Art.* 666 *du Projet* décide que l'Instruction sur l'appel des Jugemens de Police, est la même que dans les Tribunaux de Police ; dès-lors ce que nous venons de dire sur la procédure et l'organisation de ces Tribunaux, reçoit ici son application.

L'art. 678 du Projet pose le principe, qu'en matières correctionnelles, les *parties* pourront prendre *un Défenseur officieux;* la qualification de *Conseil* ou d'*Avocat* ne conviendrait-elle pas mieux avec nos idées, avec même le nouvel ordre de choses ?

Par un second *alinéa,* il est dit que le prévenu sera suffisamment représenté par un *Avoué,* si le délit n'entraîne pas la peine d'emprisonnement, et lorsque le Tribunal n'aura pas ordonné sa comparution en personne.

Cette seconde disposition ôte évidemment au prévenu, dans

le cas prévu, le droit que lui donne la première, de se défendre par le ministère d'un Avocat. Sans doute l'Avoué peut fort bien en tenir lieu; mais on ne voit pas pourquoi le prévenu ou son Avoué pour lui, serait empêché d'employer un Avocat, s'il en est besoin, lorsque cela se pratique au Civil en toute circonstance.

L'art. 722 du Projet, si nous le comprenons bien, attribue aux Tribunaux d'Appel, les appels des Jugemens dont parlent les art. 539, 540, 718, 719 et 720; ce serait par exception à la règle établie au Projet, savoir : que tous Jugemens rendus en matières correctionnelles, relèvent par appel aux Tribunaux criminels.

Cette exception se tire de l'art. 539 ci-dessus, qui oblige le Magistrat de Sûreté de renvoyer les parties à se pourvoir par les voies ordinaires, lorsqu'il s'agira *d'escroquerie, d'abus de confiance, dol, fraude et autres délits* y spécifiés, dont les Tribunaux d'Appel pourront connaître, et appliquer la peine correctionnelle portée au Code.

Mais il nous paraît y avoir beaucoup d'embarras dans cette distinction trop peu sentie au Projet pour les matières correctionnelles, entre la part faite aux Tribunaux et celle des Tribunaux criminels; et la nuance est si déliée entre ces délits dévolus aux Tribunaux d'appel, et ceux attribués aux Tribunaux criminels, que ce n'est vraiment pas la peine d'établir une telle divergence dans l'ordre de la Justice.

Mais dès que la nécessité du pourvoi, par les voies ordinaires, est reconnue ici pour certains cas, qualifiés même en l'art. 630 ci-dessus, *de délits correctionnels*, que doit-il en résulter ? Que toutes affaires de ce genre, qu'autrefois on qualifiait de *petit criminel*, et qui, pour être civilisées n'en restaient pas moins à la Tournelle (Ordonnance de 1539, art. 27), doivent passer des Tribunaux d'Arrondissement, par appel, à la Section criminelle des Cours d'appel, pour y être instruites et jugées comme les affaires ordinaires, s'il y a partie civile au Procès.

Alors vous n'aurez plus cette distinction subtile à établir entre les matières correctionnelles attribuées aux Cours d'appel, et les mêmes matières aux Cours criminelles; alors tomberont nécessairement ces Tribunaux, ces Sections jugeant correctionnellement; et la confusion ne naîtra plus de divisions qui, au reste, ne regarderaient que les Juges, pour l'ordre et l'écoulement des affaires qui leur seraient dévolues.

---

## *Des Propréteurs et Préteurs.*

Il y aura dans chaque Arrondissement communal *un Propréteur*, nommé à vie par *le premier Consul* (art. 551 du Projet).

Il sera sous la surveillance du Préteur (art. 553). Il aura séance et voix délibérative au Tribunal de première instance, même au Civil; il aura le titre et pourra remplir les fonctions de Vice-Président; il concourra avec les Magistrats de Sûreté aux actes et aux poursuites de Police judiciaire, et dirigera *le Jury d'accusation* (art. 557). Enfin, il remplacera le *Préteur* en cas d'absence, dans les matières correctionnelles (art. 780).

Un certain nombre de Tribunaux criminels, formant une division, seront présidés par un *Préteur*, qui ne le pourra être au-delà d'une année, ni exercer dans son Département natal, ni dans celui de son domicile (art. 773 et 776).

2°. Les Préteurs tiendront des *grands jours* (art 778); et se réuniront à Paris, chaque année, pour rendre au Gouvernement un compte commun de l'Administration générale de la Justice criminelle, ainsi que de la formation des listes des Jurés (781).

3°. Ils entendront l'accusé lors de son arrivée en prison; ils convoqueront les Jurés, et les tireront au sort, s'ils n'ont pas délégué ces fonctions au Propréteur (786).

4°. Ils dirigeront *les Jurés de Jugement* (art. 787); et en vertu du pouvoir discrétionnaire dont ils seront investis, les Préteurs pourront faire tout ce qu'ils croiront utile pour découvrir la vérité (art. 792).

## *OBSERVATIONS.*

Nous savons tous que la Monarchie, en travail pendant dix ans, se reposa dans une Monarchie plus parfaite, et purgée des vices de la première. Dans le passage du régime de 1789 à celui dont nous jouissons, l'ancien édifice eût écroulé trop soudainement, et avec trop de confusion et de fracas, s'il n'avait pas été étayé en tous sens par des Institutions et des qualifications habilement ménagées, que nous ont fournies l'Histoire et la Législation romaine.

S'il en est d'essentiellement liées avec les Constitutions de l'Empire, tels que nos *Sénateurs*, nos *Tribuns*, nos *Préfets*, *Sous-Préfets* et quelques autres, qui servent tous de contre-poids à l'autorité-Souveraine, à-peu-près comme autrefois nos Parlemens, qui avaient le droit de vérifier les Lois; toujours est-il vrai que les Sénateurs, les Tribuns, les Préfets, les Sous-Préfets doivent leur création au temps où l'on avait

mis

mis la France en République, et à l'instar des mêmes Autorités qui existaient dans la République romaine, et même sous les Consulats.

Il résulte de cette vérité que si, d'une part, l'état actuel des choses doit être respecté, de l'autre il faut ne pas perdre de vue que les principes qui constituent le Gouvernement monarchique, qui nous régissent, doivent être, désormais, l'objet de toute notre attention.

Cela est si vrai, que si le Projet de Code criminel eût paru un an plus tard, c'est-à-dire, après le rétablissement de la Monarchie, il y a lieu de penser que ce Projet n'aurait pas une si forte teinte républicaine; et il ne doit plus être question d'aller chez les Romains républicains chercher des qualifications. Alors ils avaient pour Magistrats des Consuls, des Proconsuls, des Préteurs, des Propréteurs, des Questeurs, des Lieutenans; ils avaient des Sénateurs, des Préfets, des Tribuns, des Ediles. Tenons-nous à celles adoptées par les Constitutions de l'Empire; mais n'allons pas au-delà: cessons de nous faire violence; puisons notre liberté dans les Lois, et non dans les mots, et non dans une indépendance aveugle qui fait des esclaves; rentrons dans les idées reçues parmi nous, et nous aurons recouvré notre état naturel avec la liberté civile.

D'ailleurs, il n'y a pas même de similitude entre les Propréteurs, les Préteurs du Projet, et les Fonctionnaires de ce nom chez les Romains. En effet, le nom de *Préteur* se donnait autrefois à tous les Magistrats; le Dictateur même était appelé par Tite-Live le grand Préteur, *Prœtor maximus* (liv. 7, ch. 3). Le Préteur était le premier Magistrat de Rome après le Consul, qu'il remplaçait en cas d'absence; dans sa main résidait le double pouvoir de commander et de juger souverainement toutes les affaires. On créa quatre autres Préteurs, lorsqu'en 526 et 607 de Rome, la Sicile et la Sardaigne, l'Afrique, l'Achaïe et la Macédoine furent devenues Provinces romaines; ils n'exerçaient qu'un an: il n'y en eut jamais au-delà de trente. Souvent guidés dans leurs Jugemens par l'ambition et la faveur, la Loi *Cornelia* de l'an 686, obligea les Préteurs à juger conformément à leurs propres Edits; et sous Justinien la Préture fut entièrement abolie; car, comme leur création dérivait du Gouvernement républicain, les Préfets du Prétoire, qui étaient les Officiers de l'Empereur, se trouvèrent investis des fonctions des Préteurs de ville (*Cout. des Rom. de M. Nieuport, pag.* 60 *et suiv.*).

Le Propréteur était un Préteur de ville qui passait au Gouvernement d'une Province romaine; car les Magistrats provinciaux, *Procul vincere*, étaient des Proconsuls et des Propréteurs qui avaient sous eux des Questeurs et des Lieutenans; ainsi que le Préteur, ils n'étaient en fonctions qu'une année. Le Proconsul et le Propréteur ne différaient, qu'en ce que le premier avait douze Licteurs et l'autre six; du reste ils avaient une égale autorité de commandement et de puissance pour la guerre et la Jurisdiction des affaires civiles. Arrivés dans la Province, ou ils indiquaient dans une ville une assemblée des plus notables, ou ils allaient eux-mêmes de ville en ville rendre la Justice (*Cout. des Rom. ibid.*).

Voilà ce qu'étaient les Préteurs, les Propréteurs chez les Romains; y a-t-il dans le Projet la moindre ressemblance? Un Propréteur y est nommé à vie, et à Rome il changeait chaque année; il en place un dans chaque Arrondissement communal, et à Rome un par Province. Dans le Projet, il est Membre des Tribunaux d'Arrondissement, et concourt avec le Magistrat de Sûreté aux actes et poursuites de Police judiciaire, et dirige le Jury d'accusation; et à Rome il avait tout pouvoir avec le Proconsul dans l'ordre de la Justice.

La similitude, dira-t-on, s'applique au Préteur qui, ainsi qu'à Rome, tiendra de *grands jours* dans les Provinces, chaque année, comme font en Angleterre les *Juges d'Assises*, deux fois par an. « Ils auront plus de pouvoir que n'en ont les » Présidens des Tribunaux criminels ; plus de dignité, plus de » crédit, plus de liberté...... Ni les sollicitations qui précèdent » les Jugemens, ni les ressentimens qui les suivent, ne pourront » atteindre le Préteur. Un Président placé à poste fixe, souvent » au milieu de parens, d'amis, de créanciers, de débiteurs, la » Justice criminelle est dépouillée de la moitié de sa force et » de sa solennité; les affaires ont une marche uniforme et lan- » guissante autour d'un Président sédentaire qui a ses aises ; la » séance s'ouvre tard, on interrompt le service pour aller prendre » un repas au-dehors; on rentre à cinq ou six heures, on se retire » à neuf. On trouve ainsi les moyens de concilier d'austères « fonctions avec la douceur de la vie citadine; et l'administration » de la Justice criminelle n'est plus une chose extraordinaire»(1).

Le prestige de ces raisonnemens tombe au plus léger examen ; 1°. A Rome les Préteurs, les Magistrats n'en imposaient à la multitude ; en Angleterre les grands Juges n'imprimaient le respect et la crainte, que par leur grand pouvoir. Ici les Préteurs du Projet n'y ressemblent en rien ; ce sont des Pygmées : ils ont bien moins la puissance de juger seuls, que la faculté de diriger ; et sous ce rapport, ils sont à peu près inutiles et superflus, ne faisant que ce que font les Présidens eux-mêmes, qui sont

(1) Observ. de M. *Oudart*, l'un des Rédacteurs du Projet, et Juge en la Cour de Cassation, qui cite Blacsktone, Auteur anglais, et le Voyage de M. de Liancourt en Angleterre.

la tête des Tribunaux, ou, pour mieux dire, les Procureurs Impériaux.

2°. La censure que fait M. Oudart, des Présidens des Cours criminelles, est amère, outrée, injurieuse à la Magistrature, et par conséquent à lui-même : son zèle seul pour le bien de la justice excusera cette sortie que lui auront suggérée, sans doute, quelques abus particuliers ; mais où n'y en a-t-il pas ? Si les abus amènent les réformes, souvent de plus grands abus naissent des réformes elles-mêmes ; témoin la loi *Cornelia* qui n'est intervenue que pour réprimer les abus des Préteurs et des grands Magistrats romains. Ils ont passé, ces Préteurs, avec la République ; et il paraît que personne n'a révélé à M. Oudart les inconvéniens des Juges d'Assises en Angleterre. Mais qui peut raisonnablement critiquer les Présidens des Cours de Justice ?

Vous dites que les Préteurs ambulans auront plus de pouvoir, plus de crédit, plus de dignité, plus de liberté ! Ce sont là des mots. Mais que vos Jurés ignorans ou prévenus, ou au moins toujours insuffisans pour asseoir de bons Jugemens, disparaissent, et alors les Magistrats, rendus à leur état naturel, cesseront d'être muets ; ils parleront, leurs facultés intellectuelles se dilateront, et, à l'aide de leurs connaissances acquises, ils prononceront les Oracles de la Justice. Alors que manquera-t-il à leur pouvoir, à leur crédit, à leur dignité, à leur liberté ?

Ni les sollicitations, dites-vous, ni les ressentimens ne pourront atteindre le Préteur, qui n'aura autour de lui ni parens, ni amis, ni créanciers, ni débiteurs ! Mais qui vous assure que le Préteur sera sans préventions, inaccessible aux sollicitations, insensible à la faveur, sourd à la voix du puissant, favorable au malheureux ? Qui garantit qu'il ne rencontrera sous ses pas ni parens, ni amis, ni créancier, ni débiteur ?

D'ailleurs, supposez-vous le Magistrat sans conscience, sans vertu, sans intégrité? N'admirez-vous pas dans tous les Tribunaux supérieurs que ces qualités constituent essentiellement les Membres qui les composent? Voyez-vous, par exemple, qu'à Paris les sollicitations des parties, les parens, les amis, les créanciers, les débiteurs des Magistrats, fassent tant soit peu fléchir la Loi en faveur de l'injustice? Avez-vous jamais eu les oreilles frappées de la moindre réclamation? Sans doute le Juge doit s'abstenir, quand la partie qui demande justice, a juste sujet de craindre qu'il n'ait quelqu'intérêt de la lui refuser; mais le remède est dans la Loi. N'avons-nous pas, en effet, des dispositions précises sur les récusations? et le Magistrat honnête autant que délicat, qui ne veut pas qu'on le soupçonne de la moindre influence, ne manque jamais de se retirer à l'écart, et de s'abstenir, alors même qu'il eût concouru au Jugement avec la plus exacte impartialité.

Enfin est-il bien vrai que la Justice criminelle perd de sa force et de sa solennité? est-il vrai que la marche des affaires est languissante autour d'un Président sédentaire? Certes rien ne serait plus extraordinaire, parmi nous, qu'un Magistrat temporaire, ambulant, rendant la Justice pour ainsi dire à cheval. Ce système défectueux, même chez les Romains et les Anglais, serait inconciliable avec nos mœurs; il avilirait la Justice au lieu d'en relever l'éclat. Sa marche est grave dans les Tribunaux; mais non pas languissante; trop de précipitation supposerait l'oubli des formes qui sont les protectrices de l'innocence. Les Magistrats, dans le sanctuaire, représentent le Prince sur le Trône de la Justice; chacun des jours où ils acquittent la dette du Souverain, est un grand jour, un jour très-solennel. Membre distingué du premier Tribunal de l'Empire, M. *Oudart* avouera que la majesté de ses Audiences imprime un saint respect ; je pense qu'il ne niera pas non plus qu'on ne doit qu'aux veilles de cet illustre Corps et à ses travaux soutenus, comme à ceux de tous les Tribunaux en général, le grand nombre de Jugemens qu'ils rendent chaque année.

Mais comment ce Magistrat peut-il rejeter sur les Présidens qui, selon lui, sont *à l'aise*, la lenteur qu'il allégue dans l'expédition des affaires? Qui sont à l'aise ! Que signifie ce mot ? N'est-ce pas au contraire sur le Président que porte tout le fardeau? Indépendamment des travaux qui lui sont communs avec les autres Juges, c'est sur lui que roulent la distribution des causes, l'ordre des Audiences, les interrogatoires, et mille autres détails qui l'attachent étroitement aux devoirs de sa place. Il interrompt le service pour aller prendre un repas au-dehors ! Que veut-on dire ? Ne faudra-t-il ni manger, ni prendre aucun relâchement? Quand on a son chez soi, on y dîne d'ordinaire. Et le Préteur, où dînera-t-il ; car s'il n'est pas un Ange, il faudra aussi qu'il dîne ? Toujours *dehors*, car il ne doit avoir dans son ambulance, ni parens, ni amis, ni maison. Ainsi la critique de M. Oudart retombe sur le Préteur lui-même.

Maintenant qu'il nous dise si l'on gagnera beaucoup à ce supplément, et si la création des Propréteurs et des Préteurs serait un grand pas vers la perfection de l'ordre judiciaire en matière criminelle, lorsqu'à le bien prendre, leurs fonctions propres sont celles des Présidens ou des Procureurs-impériaux, qui n'en subsistent pas moins, et qui les rendent par conséquent, comme nous l'avons dit d'abord, inutiles et superflus.

---

## *De la manière dont seront reçues les dépositions des Membres du Gouvernement.*

*L'art.* 988 *du Projet*, qui est commun au premier Consul, pour la manière dont son témoignage sera requis en matière criminelle, ne doit pas l'atteindre, et moins encore l'Empereur.

---

## *Des Ecrits répandus ou affichés.*

*Les art.* 991, 992 *et* 993 *du Projet*, disposent que trois Hommes de Lettres, pris dans le sein de l'Institut national, feront *leurs Observations critiques* sur l'Écrit répandu ou affiché qui aura donné lieu à un crime, lesquelles seront jointes à l'Écrit, et remis *au Propréteur* avant la rédaction de l'Acte d'accusation, pour ensuite être remis aux Jurés, à peine de nullité.

M. *Target*, l'un des Rédacteurs du Projet, observe que ces trois hommes formeront une sorte de *Jury* qui proposera, sur le venin dont l'Ouvrage est prévenu, ses Observations motivées; et c'est ainsi qu'il explique les crimes qui en peuvent résulter :

« Provoquer *la sédition*, ou renverser les principes *de la* » *morale naturelle ou publique*, ou répandre le poison *de* » *la calomnie ;* voilà les seuls faits qu'il doit être permis de » dénoncer et de punir » (*Obs. de M. Target sur le Projet*).

Il est visible que les trois Membres de l'Institut seront les Arbitres de l'Écrit dénoncé. M. Target nous assure qu'ils seront éclairés et non-suspects ; où est la garantie de cette assertion ? Cependant si, aux termes de l'article 991 cité, ils doivent être choisis par l'Institut même, le prévenu-auteur de l'Écrit, ou le plaignant sera étranger à ce choix. S'il est fait à son insçu, qu'au moins on lui permette de réclamer et de proposer ses moyens de récusation.

En effet, il est des cas où il serait injuste de rejeter sa réclamation. Par exemple, qu'un Ouvrage impie paraisse à la suite de tant d'autres qui ont été pour notre commun malheur si bien accueillis ; cet Écrit, dans le sens vrai, provoquera la sédition et le renversement des principes de la morale, en attaquant ceux de la religion, sans laquelle tout s'ébranle et croule ; c'est une vérité de fait que personne n'osera nier. Eh bien, que les trois hommes chargés de l'examen de l'Écrit, ou seulement deux, soient sans religion, et ne croient pas même à l'existence d'un Dieu ( et nous savons tous qu'il en est un bon nombre de ce genre dans cette illustre Compagnie, et qui ne s'en cachent pas ), alors quel sera le résultat de leurs Observations ? Ils déclareront que l'Écrit n'est point séditieux ; qu'il proclame des principes vrais, libéraux, lumineux ; qu'il n'y a rien que la Philosophie ne puisse avouer ; que l'Auteur y a respecté la morale *naturelle et publique* ; qu'enfin il n'y a que les esprits faibles, les petites têtes, les préjugés ; en un mot, le fanatisme qui puissent se plaindre et élever la voix.

Ainsi l'Auteur qui aura professé les mêmes principes que ses Juges, sortira lavé, et pour ainsi dire comblé d'éloges, lorsque son Écrit n'eût mérité que le blâme et la suppression, et qu'il eût dû lui-même être puni ! c'est ainsi que des Académiciens auront été Juges dans leur propre cause.

Quelle

Quelle serait la sûreté, la garantie des mœurs? Sans doute l'Institut a dans son sein des Membres distingués qui l'honorent par leurs lumières, leurs talens, autant que par leur croyance religieuse et leurs vertus; mais de bonne foi, leur Corps peut-il être constitué gardien de la morale? Lui a-t-il marqué assez de fidélité pour qu'elle n'en fût pas alarmée? Ses intérêts ne seraient-ils pas compromis? Elle est naturellement timide; la licence au contraire est audacieuse, et forte de toutes les passions qui lui servent de cortége; et l'impiété, qu'on nomme philosophie, dit qu'elle répond de tout, tout en perdant tout.

Perçons le mur et tâchons de signaler l'arrière-pensée de nos Philosophes modernes; je veux dire de cette secte dangereuse qui a plongé la Patrie dans un abîme de maux; et qui, battue, blessée de ses propres mains, reste toujours armée, et attend l'occasion de livrer de nouveaux combats. Qu'on y fasse bien attention, l'Institut sera le régulateur et l'arbitre des mœurs publiques, dès que la Loi l'aura établi *Jury*, ou, ce qui est la même chose, *Censeur des Productions littéraires*.

Censeur! il y en eut à Rome, il y en eut en France; à Rome les Censeurs étaient des Magistrats chargés de nommer les Sénateurs, du dénombrement des Citoyens, du mode de lever les impôts dans les Provinces, de traiter avec les Entrepreneurs des travaux publics, et de l'examen des mœurs. Auguste en fit les fonctions sous le titre de *Maître des Mœurs*. Avant lui Jules-César avait pris la qualité de *Préfet des Mœurs*. L'Empereur Vespasien, avec *Titus* son fils, exercèrent la Censure, l'an de Rome 827; et Domitien prit le titre de Censeur perpétuel (*Cout. des Rom., pag.* 13 *et suiv.*). *Montesquieu* dit: ils avaient à Rome toujours l'œil sur les mariages pour les multiplier; *Claudius* affaiblit la Censure, et la corruption augmenta (*Esp. des Lois, tom.* 1, *pag* 247). Ailleurs il dit, qu'outre l'Aréopage, il y avait à Athènes des Gardiens des Mœurs; tous les Vieillards étaient Censeurs (*id. p.* 99 *et* 100).

Les Censeurs sont donc d'une grande utilité en tout Etat policé. « Non, dit Montesquieu; s'il en faut dans les Républiques » où le principe du Gouvernement est la vertu, il n'en faut » point dans les Monarchies qui sont fondées sur l'honneur; » les Censeurs y seraient gâtés par ceux mêmes qu'ils devraient » corriger, et la probité n'y est pas nécessaire » (*id. p.* 145 *et* 522, tom. IV).

Quel paradoxe! C'est-à-dire qu'il n'y a point de vertu dans une Monarchie; c'est-à-dire qu'elle ne réside que dans les Républiques. L'honneur en tient lieu dans les Monarchies! elles peuvent se maintenir sans probité! Pure subtilité! Honneur et vertu pour l'homme de bien, c'est la même chose dans tout l'Univers. Que l'on dise, si l'on veut, que les peuples en Républiques tendent plus à l'indépendance que dans les Gouvernemens modérés; qu'il leur faut de plus grands moyens de répression et une Censure plus sévère; cela peut être: mais pour prouver l'utilité des Censeurs, même en France et dans toute Monarchie, je n'ai besoin que des raisons citées par Montesquieu lui-même, pour prouver leur utilité dans les Républiques.

« Ce ne sont pas seulement les crimes, dit-il, qui détruisent » la vertu; mais encore les négligences, les fautes, une certaine » tiédeur dans l'amour de la Patrie, des exemples dangereux, » des semences de corruption; ce qui ne choque point les » Lois, mais les élude; ce qui ne les détruit pas, mais les » affaiblit. Tout cela doit être corrigé par les Censeurs » (*id. p.* 144).

Il n'y a rien là qui ne doive être censuré, même dans une Monarchie; le mal est mal partout; partout aussi le bien, le vrai la vertu enfin, l'est en tout pays, parce que l'ordre qui fait la paix des Etats en dépend. Naguères nous avions des Censeurs particulièrement préposés à l'examen des Ouvrages de littérature; aucun ne pouvait paraître sans avoir passé sous leurs yeux; ces Magistrats n'en permettaient pas la publication et l'impression, s'il y avait quelque chose contre les principes du Gouvernement, de la Religion et des Mœurs, dont le Prince les avait établis les fidèles gardiens.

Ce remède eût été infaillible, si la licence et l'audace n'eussent pas trouvé le moyen de se soustraire à la Censure, en faisant imprimer secrétement, ou à l'étranger, ce dont bientôt la cupidité favorisait la vente assez librement chez les Libraires, au mépris même des défenses et de la surveillance trop négligée de la Police.

Ainsi le but des Censeurs Royaux aurait été rempli, s'ils avaient toujours été secondés par une sage et surveillante Police; c'est celle-ci qui, trahissant les intérêts de l'Etat, s'est trouvée responsable de tous les maux qui en sont résultés. Ayez donc des Censeurs, mais que ce soit des hommes recommandables par leurs principes religieux et par leurs mœurs. Qu'ils aient une force coercitive; leur mission ne sera pas vaine, puisqu'ils auront dans la main les moyens de répression; ou bien ayez une bonne Police tenue par des Officiers également sûrs, sous le rapport des principes, et comptez sur l'efficacité de cette belle et salutaire Institution.

La liberté de la Presse a inondé la France de mauvais livres, après qu'une mauvaise Police en eut laissé introduire un grand nombre de pestilentiels; et les mauvais livres perdent les mœurs. Une censure sévère les fera rentrer dans la poussière: la digue sera posée une bonne fois aux débordemens licencieux et obscènes; alors la Jeunesse avide manquera l'occasion de se corrompre, et cherchera à s'occuper utilement.

M. Target fut un Avocat distingué dans l'ancien Barreau; il fut Académicien et Législateur; il est peut-être de l'Institut; il est Magistrat; il a des mœurs et des lumières : il s'était tellement frappé des abus inséparables d'une vieille Monarchie, qu'il a long-temps laissé croire qu'il n'aimait pas les Rois, et qu'on n'était libre qu'au sein de l'anarchie : enfin, il est un des Rédacteurs du Projet de Code criminel; et nul doute qu'il n'ait cherché à justifier le choix du Gouvernement. Mais qui le croirait! dans ses Observations sur ce Projet, il rappelle et consacre une opinion sur la liberté de la Presse, qui a provoqué la plus effroyable licence.

Voici en effet ses expressions :

« *Le droit d'écrire et de publier sa pensée* est l'un des » attributs les plus inséparables de la liberté; y porter atteinte, » ce serait à-la-fois violer l'un des premiers droits de l'esprit » humain, éteindre volontairement la lumière, et, sans aucun » fruit réel, se condamner à ignorer l'opinion, plutôt que de » la souffrir et d'en profiter ».

Comprend-on bien cette doctrine ? elle est claire; en vertu de ma liberté j'ai le droit de tout écrire, de tout publier; je suis libre : ainsi je puis publier tout ce que je pense et contre Dieu, et contre les Hommes, et contre les Gouvernemens, et contre les Mœurs; autrement ce serait *éteindre volontairement la lumière* qui peut jaillir de cette liberté *d'écrire et de publier* sa pensée.

*Point de censure donc*, ajoute M. Target, *avant la publication*. Conclusion insignifiante et ridicule; comme s'il était besoin de dire qu'un écrit inconnu, un écrit secret et non encore publié, ne peut donner prise à la censure ! Conclusion alarmante qui ouvre la porte aux passions, qui livre à tout vent de doctrine les fondemens de l'ordre, sous le vain prétexte de la propagation des lumières. *La Loi*, dit-il, *ne lie pas les bras, mais frappe celui dont la main est devenue criminelle, ou qui se servirait de la communication des idées pour exciter ou propager le désordre.* Quel langage ! c'est-à-dire que le délit sera dans l'action, et non dans le livre qui en serait le principe ; c'est-à-dire que je pourrai écrire et publier des pensées hardies, dangereuses, séditieuses, révoltantes ; mais non pas exciter et propager le désordre qui en doit être le résultat ! Point de censure avant la publication ! nous voudrions bien que ce ne fût pas là le vrai sens des expressions de M. Target.

Suivons-le :

S'il ne veut pas la censure avant, la veut-il après la publication ? Hélas ! oui ; elle abordera en tremblant l'Écrivain plein d'audace, l'Écrivain fort de sa liberté et de son droit de tout publier ; et elle lui adressera ces belles et tardives paroles de M. Target :

*Quiconque abusera de cette liberté ne restera pas impuni.*

A cette apostrophe, l'Écrivain répondra avec raison : Vous dites que j'ai abusé, mais n'avais-je pas le droit de publier librement ma pensée, toute ma pensée ? je l'ai fait. Prétendre que j'ai abusé de ce droit, et que je ne dois rien dire contre la Religion, contre l'État, contre les Mœurs, ce ne serait plus ma pensée ; car je n'aime rien de tout cela. On parle sans cesse d'un Dieu ; comme je n'y crois pas plus qu'à des Dieux de pierre ou de bois, s'ils condamnaient mes penchans, j'ai le droit de l'écrire et de le publier ; M. Target ne m'en laisse aucun doute.

Non, vous dis-je, répondra la Censure, vous avez abusé ; venez en jugement ; un Jury, dans l'Institut, va examiner votre Ouvrage.

A ce coup inattendu, une réflexion soudaine frappera l'Écrivain ; il se dira :

On m'a trompé en m'annonçant par de grands mots, que je pouvais publier ma pensée ; ce n'est donc pas là mienne, ou plutôt il faut qu'en voulant l'exprimer, je fasse bien attention à ce qu'on appelle *abus* ; c'est-à-dire, qu'il faut que je moule ma pensée sur celle des autres ; il faut que je n'écrive et ne publie que ce qui est dans l'ordre des choses reçues parmi les hommes, et surtout dans le pays où je vis !

Alors nous voilà revenus dans l'ordre naturel des idées et des choses, qui me permet de publier ma pensée si elle est bonne ; qui me le défend si elle est mauvaise : la liberté de la Presse n'a jamais pu avoir un autre sens, ni plus d'étendue que ce cercle tracé chez tous les peuples.

A ce compte, la liberté de publier sa pensée, proclamée avec tant d'assurance, n'apprend rien de nouveau à personne ; ne donne à un chacun ni plus ni moins de droits qu'il en avait. Nous ne pensons pas que M. Target puisse en disconvenir ; il était donc inutile d'en parler, et de laisser si long-temps tout un Peuple dans une si funeste illusion. Mais ce Magistrat prétend qu'une censure trop sévère, trop pointilleuse serait une entrave au génie. « Le génie, dit-il, qui aurait quelque » chose à craindre des fausses interprétations de la sottise ou

» de la malignité, perdrait ou supprimerait à dessein la moitié » de ses forces. »

Pur sophisme ! le génie est ami de l'ordre, de la paix et de la morale publique ; quiconque s'élancerait, au mépris de tout cela, dans le vaste domaine des connaissances humaines et de toute la nature, n'en rapporterait que des fruits de mort. Est-ce que les grands génies qui nous ont précédés, ont perdu ou supprimé de leurs forces, pour n'avoir pas été à l'abri des fausses interprétations ? Il serait honteux de craindre la sottise et la malignité ; le vrai génie ne craint rien : mais elles peuvent avoir cela de bon, qu'elles l'avertissent d'être clair et sans ambiguité ; on les brave avec les armes de la vérité : alors les fausses interprétations ne l'atteignent pas et retombent sur leur Auteur. Malheur aux peuples dont le Législateur ne ferait pas la part des Mœurs dans ses Lois, et dont les vues tourneraient uniquement au développement des Sciences ! Malheur à ceux qui, toujours occupés d'elles, seraient indifférens sur les avantages que peut procurer la vertu ! Négliger les Mœurs, c'est préparer l'inexécution et le mépris des Lois. Mais la sagesse du Législateur serait trompée, si, au lieu d'avoir prévenu le mal en défendant nettement les mauvais livres, il n'avait consacré la liberté de la Presse, qui est essentiellement abusive, que pour punir ensuite l'abus qu'on en aurait fait. Ce serait donc abus sur abus, et préparer l'incendie pour avoir la peine de l'éteindre.

En voilà assez pour prouver l'insuffisance ou le danger du Jury pris à l'Institut, pour apprécier les Productions littéraires, et la nécessité de rétablir les Censeurs ; mais avec un plus grand pouvoir.

## *De la Procédure sur le Faux.*

*Art. 996 du Projet.* « Les plaintes et dénonciations en faux » pourront toujours être suivies, quoique les pièces qui en » sont l'objet, aient pu servir de fondement à des Actes judi- » ciaires ou civils. »

### *OBSERVATIONS.*

Le laconisme de cet article qui est l'art. 2 du titre du faux principal de l'Ordonnance de 1737, fait desirer une explication. Cet art. 2 comprend *le plaignant même* dans l'admission en accusation de faux, encore que la pièce ait été reconnue avec lui par des Actes ou Jugemens à autres fins; et c'est sur quoi il ne faut laisser aucun doute.

Mais les Commentateurs induisent de l'art. 52 du titre du faux incident, une exception, qui est que, si le plaignant a transigé sur la pièce, il ne peut plus l'attaquer de faux; et il n'y a que la Partie publique qui puisse agir. Si tel est l'esprit de l'art. 996 du Projet, il faut donc le dire, et ne rien laisser à l'arbitraire.

Des

## *Des Poursuites contre des Juges, au sujet de leurs Fonctions.*

Ce Chapitre contient, avec le suivant, XXIV *articles*, sur la Procédure proposée contre les Juges qui seraient dans le cas de la peine afflictive ou infamante, de la relégation, de la forfaiture, ou de la prise à partie.

*Nos Observations* sur la prise à partie du Projet de Code judiciaire, reçoivent ici leur application. Quoique les cas posés au Projet de Code criminel ne soient pas les mêmes, c'est toujours un remède extrême, violent, qui tient de la révolte, et qu'on ne peut guères employer qu'à l'égard des Juges inférieurs; et encore cela aurait-il son inconvénient.

Dans l'ancien ordre de choses, le Roi seul permettait de prendre les Cours supérieures à partie, suivant un Arrêt de la Cour des Aides, du 18 Juillet 1691, qu'on trouve au Journal des Audiences, liv. 7, ch. 26; et cela convenait à la dignité de ces Cours : mais quand c'étaient des Juges inférieurs, on s'adressait au Parlement dont ils ressortissaient (Arrêt de la Tournelle, du 9 Mars 1714).

Le Projet prescrit bien par qui, dans quel cas, et par quel mode les Juges pourront être recherchés; mais l'art. 1040 ne laisse-t-il rien à desirer ?

Le voici :

« La Réquête en prise à partie sera admise,

» 1°. Par le Tribunal de Cassation, section des Requêtes,

» s'il s'agit, soit *d'un de ses Membres*, soit d'un Tribunal » d'Appel, soit d'un Tribunal criminel, soit d'un Membre » de l'un ou de l'autre de ces Tribunaux, soit d'un » Tribunal d'Arrondissement Communal, soit d'un Tribunal » de Commerce, soit d'un Tribunal de Police.

» 2°. Par le Tribunal d'Appel, s'il s'agit d'un Membre du » Tribunal d'Arrondissement, ou d'un Membre du Tribunal » de Commerce, ou d'un Juge de Paix, quant aux fonctions » de Juge civil seulement.

» 3°. Et par le Tribunal criminel, s'il s'agit d'un Membre » du Tribunal d'Arrondissement, ou d'un Membre du Tribunal » de Police, quant aux fonctions de Juge correctionnel ou de » Police, ou s'il s'agit d'un Officier de Police judiciaire. »

Ainsi la Cour de Cassation connaîtra de la prise à partie contre l'un de ses Membres; elle pourra ou l'admettre ou la rejeter : et au premier cas, la peine sera, contre le demandeur, de 300 francs d'amende, et des dommages et intérêts envers les Juges (*art.* 1045 *du Projet*). Cette Cour sera donc Juge dans sa propre cause ? Or, qui osera jamais se pourvoir ? tandis que le Prince est au-dessus de toutes les considérations, et qu'ainsi la confiance la plus entière nous porte naturellement vers lui; cette Cour, humainement parlant, ayant intérêt de ménager chacun de ses Membres pour se conserver elle-même intacte dans l'opinion, il y aurait sans doute un juste sujet de craindre de ne jamais être écouté; ce qui serait un remède apparent contre l'abus du pouvoir, et à côté, la défense indirecte de s'en servir; chose absolument vicieuse, inconciliable.

Jamais les Cours d'Appel et Criminelles ne seront, dans l'opinion, élevées à la hauteur de leurs augustes fonctions, tant qu'elles seront assujéties à la surveillance, à la censure de la Cour de Cassation; et une chose remarquable, c'est que les Parlemens qu'elles remplacent, relevaient bien plus l'éclat du Trône et la Majesté Royale, que ne le fera jamais la Cour de Cassation. Pourquoi cela ? Ce n'est pas parce qu'ils vérifiaient et enregistraient les Lois au nom du Peuple; mais parce qu'il ne faut pas d'intermédiaires entre les Cours de Justice et le Souverain qu'elles représentent immédiatement; car le Prince n'aurait besoin de personne, s'il pouvait lui-même rendre justice à ses Sujets. Nous savons tous que la Cour de Cassation remplace le Conseil des Parties; et le Conseil d'État, le Conseil privé. Nous savons que le *Chancelier* présidait l'un et l'autre, comme étant l'œil et l'organe immédiat du Roi. Quelle différence entre ce premier Magistrat et le Grand-Juge ! Si on objectait que c'est dans l'*Archichancelier* de l'Empire que résident singulièrement toutes les attributions du Chancelier de France, nous répondrions que ce serait aux dépens de la Justice elle-même, qui n'a pas jusqu'ici recouvré toutes ses prérogatives.

Quel inconvénient y aurait-il donc d'attribuer aux Cours d'Appel, la connaissance de la prise à partie, à l'égard des Tribunaux d'Arrondissement, de Commerce et de Police, aussi bien que d'un de leurs Membres ? Et comme les Cours criminelles ne sont, à vrai dire, que des fractions des Cours d'Appel, pourquoi celles-ci ne connaîtraient-elles pas de cette action à l'égard d'un Membre de Tribunal d'Arrondissement ou de Police, jugeant correctionnellement, ou d'un Officier de Police judiciaire ? Plus on divise, et plus on affaiblit la considération et la force d'opinion dont le Législateur doit environner les Magistrats.

Et avec cet ascendant, les mesures de Police des Audiences,

prescrites au chap. XX du Projet, seraient de surérogation. Mais ce n'est ni dans un Code judiciaire ni dans un Code criminel, que doivent entrer ces mesures qui sont purement réglementaires (*voyez au surplus ce que j'ai dit sur les art.* 80, 81, 82, 83, 116 *et* 117 *du Projet de Code de la Procédure civile*).

---

## *Du Jury de Famille.*

Un Jury de Famille ne réussira pas mieux que ces Tribunaux de Famille qu'on avait créés en 1790, et qui sont tombés presqu'aussitôt.

Les art. XV et XVI de ce Décret permettaient à des Parens, Amis ou Voisins d'infliger une peine à un *Enfant ou Pupile* âgé de moins de 21 ans, qui serait dénoncé par le Père ou la Mère, ou l'Aïeul, ou le Tuteur, *pour mécontentemens très-graves;* mais subordonnément à l'avis du Président du Tribunal de District, qui pouvait ordonner ou refuser l'exécution de l'Arrêté de la Famille, sur les conclusions du Ministre public, ou en tempérer les dispositions (*art.* XVII).

Un tel Tribunal ne devait pas plus subsister que l'*Arbitrage* que prescrivait l'art. XII de la même Loi, pour régler les contestations qui s'éleveraient entre Mari et Femme, Père et Fils, grand-Père et petit-Fils, Frères et Sœurs, Oncles et Neveux, ou entre Alliés aux degrés ci-dessus, et même entre les Tuteurs et leurs Pupiles, pour raison de la Tutelle; parce que d'une part, c'était le moyen sûr de semer la zizanie dans les Familles; et que d'autre part, la décision arbitrale relevant par Appel au Tribunal de District (art. XIV), ce mode ne présentait pas même autant d'avantages que les Arbitrages ordinaires où l'on peut, si l'on veut, être réglé en dernier ressort; et avait l'inconvénient de plus, d'exiger quatre Arbitres, deux pour, et deux contre, et un cinquième en cas de partage (*art.* XIII); ce qui devait embarrasser beaucoup les Parties et multiplier les frais.

Ce fut donc une Institution bâtie en l'air, et le fruit de ces abstractions qui, comme ces feux folets, fuient et disparaissent au premier regard.

Le Jury de Famille du Projet ne paraît pas plus heureusement conçu; il offre même encore plus d'inconvéniens, plus de difficultés dans l'exécution.

En effet, on en aura une juste idée en rappelant l'art. 1094:

*Lorsqu'une contravention de Police ou un délit qui n'entraîne ni peine afflictive ou infamante, ni la relégation, ni la peine de forfaiture, aura été commis par un Fils de Famille non émancipé, non marié ou non établi; ou par une Femme mariée non séparée de corps de son Mari* (si le coupable n'a pas de complices étrangers à sa Famille, ou si le délit ne porte aucun préjudice civil à des tiers, ou si les personnes lésées ont été désintéressées), *le Père ou le Mari pourra demander au Préteur, ou, en son absence, au Propréteur en exercice dans le lieu où siége le Tribunal criminel, la permission de convoquer un Jury de Famille.*

*Il annexera à sa Requête une liste signée de lui, de ses Parens ou Amis.....*

Ainsi il faudra la permission de l'Autorité supérieure pour pouvoir composer le Jury de Famille; Autorité qui peut s'y refuser, sans même exprimer les motifs de son refus (*art.* 1095 *du Proj.*); inconvénient que n'offrait pas la Loi de 1790; qui permettait, en pareil cas, l'assemblée et la décision du Tribunal de Famille, avant de la soumettre au Président du Tribunal de District.

Une autre difficulté, c'est le renvoi au Juge de Paix, au cas où l'assemblée serait autorisée; lequel ferait choix de cinq Parens ou Amis dans la liste des 10; et le Jugement de condamnation ou d'absolution sera transmis au Tribunal criminel, qui en ordonnera ou en refusera l'exécution, ou en tempérera les dispositions (*art.* 1096 *et* 1098).

Tout ne se termine pas là; en cas de refus, le Jugement sera comme non-avenu; et le prévenu sera, s'il y a lieu, poursuivi dans la forme ordinaire (*art.* 1100).

Après donc avoir obtenu la permission de l'Autorité supérieure; après avoir formalisé une Instruction, convoqué un Jury de Famille devant le Juge de Paix; après avoir soumis le Jugement à la Cour criminelle; là, tout peut se réduire à rien, et n'être pas plus avancé qu'au premier pas.

De plus, encore que le Jugement ait été homologué en Cour criminelle, il peut néanmoins être annullé sur le pourvoi en Cassation pour incompétence, excès de pouvoir, ou fausse application de la peine à la nature du délit (*art.* 1103).

Quelle complication, que d'entraves, que d'embarras, que de bruit, que de frais pour une simple contravention de Police, ou un délit léger, dont la peine doit être prononcée par la Famille elle-même!

La Famille! Mais la Famille ne voudra pas s'en mêler, dès qu'elle ne le pourra sans recourir et au Préteur, et au Juge de Paix, et à la Cour criminelle, et peut-être subir la cassation, sans même être assurée qu'il ne faudra pas poursuivre le prévenu dans la forme ordinaire, ou au moins tout recommencer. Assurément ce n'est pas là le but des Rédacteurs ; ils ont voulu constituer la Famille du prévenu, Juge d'un délit privé, afin qu'il n'y ait ni éclat, ni lenteur, ni sévérité, ni frais ; mais beaucoup de discrétion, de ménagement, et une grande célérité.

Faut-il donc tant d'appareil, tant de procédures pour corriger, dans le sens de l'art. 1094 du Projet, un Enfant encore sous la puissance paternelle, ou une Femme en puissance de Mari ? Il s'agit d'une simple détention de quelques jours, de quelques semaines, et tout au plus de quelques mois dans une maison de correction.

Mais cette peine est-elle bien nécessaire ; et est-il besoin que la Famille s'en mêle ? Nullement dans le cas posé ; je m'explique :

D'abord cet article confond ce qui est naturellement très-distinct : sans doute qu'un Père a des droits sur ses Enfans, et un Mari sur sa Femme ; mais l'exercice n'en est pas le même, et ils diffèrent beaucoup.

L'autorité paternelle, dit Montesquieu, est très-utile pour maintenir les mœurs (*Esp. des L. tom.* 1, *pag.* 101) ; mais selon lui, cette autorité n'est bonne que dans les Républiques ; erreur capitale qu'il soutient d'un bout à l'autre de son livre, avec cet autre paradoxe, que l'honneur tient lieu de probité et de vertu dans les Monarchies. Les Rédacteurs du Projet l'ont cru ; ils ont été séduits comme les Rédacteurs de la Loi de 1790, par cette belle phrase de l'Auteur de l'Esprit des Lois : « *la puissance paternelle se perdit à Rome avec la République ; dans les Monarchies où l'on n'a que faire de mœurs si pures, on veut que chacun vive sous la puissance des Magistrats* » (id. pag. 101).

La puissance paternelle se perdit à Rome avec la République! Oui, comme tous les Gouvernemens se perdent quand les passions ont rompu les liens de la Société, et n'ont plus de frein, ni les Lois plus de force; quand la corruption et tous les genres de désordres sont au comble; l'autorité paternelle n'a plus de lieu, quand les Enfans sont en révolte ouverte : alors, sans doute, il faut bien recourir à l'autorité des Magistrats; mais sommes-nous donc arrivés à ce degré de dépravation, de nullité dans la puissance paternelle? Non, grâces à la Religion et aux efforts de ses Ministres contre les maximes empoisonnées d'une philosophie impie; grâces aux soins multipliés et aux bons exemples des Pères et Mères qui se sont profondément pénétrés qu'une bonne éducation était le meilleur héritage qu'ils puissent laisser à leurs Enfans.

Voilà les dignes appuis des mœurs, les véritables Magistrats qu'il serait impossible de remplacer.

A Rome, les Pères avaient droit de vie et de mort sur leurs Enfans. A Lacédémone chaque Père pouvait corriger l'Enfant d'un autre; cela prouve plutôt un Peuple encore enfant qu'un Peuple sage, éclairé et vertueux.

En tout pays, le Père a naturellement des droits sur ceux qui lui doivent le jour; la nature ne s'est point assujétie aux divers modes de Gouvernemens; elle n'a pas dit aux Pères : vous serez plus forts, plus puissans dans les Républiques, et pour cela vous pourrez tuer, immoler vos Enfans à votre fureur; vous le serez moins, vous serez nuls dans les Monarchies. La nature est invariable; et Montesquieu, pour s'en être écarté, et pour avoir tiré des conclusions générales d'un fait particulier,

particulier, a donné dans de grandes erreurs, qui ont induit à de plus grandes encore, par les fausses applications que l'on a faites de ses principes.

Les Pères sont donc les Instituteurs naturels de leurs Enfans; et comme ils usent du droit de les récompenser quand ils font bien, ils peuvent aussi les reprendre quand ils font mal. Et qu'on ne craigne pas qu'ils abusent du droit de correction qu'ils ont sur eux; il est toujours tempéré, et souvent même presque nul par leur affection naturelle; on est Père, et ce mot répond à tout. Dire qu'il en est qui, par un caractère fâcheux, ou par une mauvaise éducation, abuseraient d'un droit trop étendu, ce serait là une exception; et les exceptions ne peuvent pas prévaloir contre le principe. Qui ignore qu'il existe des monstres dans la nature? mais le Législateur ne s'en occupe que pour en purger la terre. D'ailleurs, la correction d'un Père ne peut jamais, dans l'ordre ordinaire, excéder en rigueur, la détention temporaire proposée; tant que l'Enfant est sous la puissance paternelle, nul autre que le Père ne doit être chargé de le reprendre; il ne faut pas même le contrarier, si on ne veut tout gâter; et je citerai en preuve de ceci, un trait qui s'est passé sous mes yeux, et qui ne sortira jamais de ma mémoire (1).

---

(1) Un jour, étant dans mon lieu natal, j'entends du bruit; c'était un Père vertueux et bon, qui voulait châtier son Fils, âgé d'environ 18 ans, qui avait volé un couteau à un de ses camarades; l'Enfant ayant résisté en prenant la fuite, le Père l'atteint dans la rue et l'attère; et au moment où il avait la verge levée pour en décharger 20 coups sur le derrière de son Fils, son bras se trouve arrêté par la fausse sensibilité de quelques Femmes qui étaient accourues au bruit. Alors, le Père en colère, leur dit d'un ton majestueux: retirez-vous, car vous allez aggraver la correction de ce malheureux; je vais le frapper de la poignée; et vous en

Or, dès que le droit de correction est un des attributs de la puissance paternelle, pourquoi le Père ne pourrait-il pas, dans les cas de *mécontentemens graves*, faire subir à son Fils la peine de détention temporaire, sans avoir besoin de recourir à la Famille, aux Magistrats? L'inutilité et les inconvéniens d'un Jury de Famille nous paraissent, dans ce cas, de toute évidence.

Mais il existe un Réglement, donné par Louis XIV en 1684, d'une grande sagesse; et même une Ordonnance du 15 juillet 1763, non-moins propre à corriger des Enfans libertins.

De plus, on peut voir dans *Brillon* des Arrêts de Réglement du Parlement de Paris de 1673, 1678 et 1696; dans le dernier, il permet aux Pères seulement, de faire emprisonner les Enfans au-dessous de 25 ans; mais ne le permet que de l'autorité du Juge, s'ils sont remariés; défend aux Mères, Tuteurs et autres Parens, de le faire sans le concours des Parens, même à l'égard des Mineurs, sur qui les Frères et Oncles ont le même droit; s'ils sont majeurs, il faut une enquête sommaire pour établir leur mauvaise conduite.

Il en est de même du Mari à l'égard de sa Femme non-séparée de corps; et les Rédacteurs du Projet l'ont assimilée à l'Enfant de Famille, en s'éteyant encore de Montesquieu.

Selon lui, l'Institution du Tribunal domestique, à Rome, suppléa à la Magistrature établie chez les Grecs; le Mari assemblait les Parens de la Femme, et la jugeait devant eux (*Esp. des L. tom.* 1, *pag.* 212).

---

serez cause. A l'instant où ce Père en faisait le geste, l'Enfant dit à son tour à ces Femmes, d'un accent plus perçant: retirez-vous; je vais être assommé par votre faute; je veux recevoir la correction que je mérite. Alors les Femmes se retirèrent; et son Père l'a corrigé en Père.

Il paraît, par *Denis d'Halicarnasse*, liv. 2, que, par l'Institution de *Romulus*, le Mari, dans les cas ordinaires, jugeait seul, devant les Parens de la Femme; et que, dans les grands crimes, il la jugeait avec cinq d'entre eux (*ibid.*; *et Ulpien*, *tit.* 6).

Les peines de ce Tribunal étaient arbitraires (*ibid.*); et la Loi de *Théodose* et de *Valentinien* mit au nombre des causes de la répudiation, l'action d'un Mari qui châtierait sa Femme d'une manière indigne d'une personne ingénue; mais les Mœurs romaines ayant changé à cet égard, les usages d'Orient prirent la place de ceux de l'Europe; car le premier Eunuque de l'Impératrice, Femme de *Justinien II*, la menaça, dit l'Histoire, de ce châtiment dont on punit les Enfans dans les Écoles (*ibid. tom.* 2, *p.* 218).

Qu'est-ce que tout cela prouve? D'une part, l'exercice d'un droit dans un Tribunal domestique; et d'autre part, un abus de la force sur la faiblesse; mais c'est ce Tribunal même qu'on appellera Jury de Famille, qui n'est ni utile ni convenable aux Époux.

En effet, sans rappeler les nombreux inconvéniens que nous avons marqués plus haut, vouloir que sur la dénonciation du Mari, la Famille prononce, avec le concours des Magistrats, une détention temporaire contre la Femme, ou une toute autre peine, c'est un scandale public dans nos mœurs, et une peine qui ne peut pas frapper l'un, sans rejaillir sur l'autre.

Le Mariage est un lien qui unit si étroitement les deux Époux, que l'un ne peut nuire à l'autre, sans se nuire à lui-même : ils ne sont qu'*un*, par le premier et le plus saint des Contrats; *Hoc nunc os ossibus meis et caro de carne mea.....et erunt duo in carne mea* (Genes. N. 23 et 24).

Cette idée répugne à toute délation de l'un des Époux contre l'autre; parce que ce serait se dénoncer soi-même; de là cette vérité incontestable qu'il faut se supporter mutuellement; que dès que les satisfactions sont communes, les désagrémens, dont personne au monde ne peut s'exempter, deviennent plus supportables en les partageant.

Or à quoi ressemblerait un Mari qui dénoncerait sa Femme à la Famille, pour faire prononcer contre elle, avec le concours des Tribunaux, une peine de prison, pour une simple contravention de Police, ou un délit léger? J'ose dire qu'il n'y en a pas un de tant soit peu raisonnable, qui voulût s'y prêter; nos mœurs, et la dignité même du mariage, repoussent ces sortes de délations entre Époux.

D'ailleurs, ce serait transmettre à un Jury, un droit qui appartient essentiellement aux Époux; car la Police s'exerce en toute Société par celui qui en est le Chef, ou par les Membres qui la composent; et pourquoi n'aurait-elle pas lieu dans la société du mariage? Comme Chef, le Mari a le droit de commandement; et pour cela, le Créateur lui a donné la force pour veiller sur sa Femme et sur leurs Enfans, et repousser la violence au-dehors. Mais si la force à côté de la faiblesse procure un état de paix au ménage, il arrive aussi que la Femme usurpe quelquefois, par l'empire qu'elle exerce sur les cœurs, les droits du Mari; et agit en maîtresse absolue. Alors le ménage est encore en paix; il ne se trouble, il ne dégénère en dissentions, en querelles et en scènes déplorables, que lorsque le Mari et la Femme ne veulent se le céder en rien; qu'ils veulent exercer au ménage une égale autorité. Cet équilibre étant impossible, faute d'un régulateur, et dans cet état violent, l'empire de la force ressaisissant ses droits, la Femme désabusée, est contrainte de ployer, et de se soumettre à la volonté de son Mari, qu'enfin elle reconnaît pour Chef de la Famille et pour son Seigneur et Maître.

Sur ce principe, point de doute que le Mari n'ait le droit de police et de discipline sur sa Femme; et c'est apparemment dans ce sens, qu'à Rome il la citait devant la Famille, et prononçait lui-même contr'elle une peine quelconque, dans des cas légers et ordinaires, tels à-peu-près que ceux proposés par l'art. 1094 du Projet; mais un tel peuple n'est pas toujours bon à prendre pour modèle; et un Jury de Famille pour mettre fin à des querelles domestiques, ou pour punir quelques délits que ce soit, choquerait autant la raison que la dignité du Mariage, les bonnes Mœurs, et les Institutions françaises.

---

# TROISIÈME PARTIE.

## *Des Peines.*

CETTE Partie du Projet est divisée en quatre Livres.

Le Ier traite *des peines criminelles et correctionnelles, et de la récidive.*

Le IIe, *des personnes punissables ou responsables.*

Le IIIe, *des crimes et délits contre la chose publique ; la constitution, et de leur punition ;* 2°. *des faux ;* 3°. *des crimes et délits des Fonctionnaires publics dans l'exercice de leurs fonctions ;* 4°. *des rebellions et désobéissances, violences et outrages envers eux ;* 5°. *de l'évasion des détenus ;* 6°. *du bris de scellés et enlèvement de pièces ;* 7°. *des associations de malfaiteurs et vagabondages ;* 8°. *des délits contre le respect dû à l'autorité, aux institutions et monumens ;* 9°. *des mauvais livres et écrits ;* 10°. *des attentats publics aux mœurs ;* 11°. *des délits relatifs aux sociétés ;* 12°. *des crimes et délits contre les personnes et contre les propriétés ; tels que vols, rapines, escroquerie, abus de confiance, destructions, dégradations, dommages.*

Le IVe traite *des contraventions de Police et des peines y relatives, qu'il divise en trois classes.*

Reprenons.

Art. 6 du Projet. « *Nul délit, nulle contravention ne peuvent être punis de peines qui n'étaient pas prononcées par la Loi avant qu'ils fussent commis.* »

## *OBSERVATIONS.*

Cet article pose un principe tout opposé à la disposition de l'art. 4 du Code civil, qui défend aux Tribunaux de refuser de juger, sous le prétexte du silence, de l'obscurité ou de l'insuffisance de la Loi; il suppose une vérité incontestable qui est qu'en matière criminelle, la Loi a dû prévoir tous les cas; mais comme cela est impossible, quelques efforts que fasse le Législateur, les Juges devront, en plus d'une occasion, appliquer la Loi par induction. Or la disposition ci-dessus les arrêterait courts, bien qu'elle émette un principe vrai en soi; et il leur faudrait, à tout instant, suspendre et recourir à l'Autorité Souveraine, sous le prétexte du silence de la Loi; ainsi l'art. 6 semble devoir être supprimé.

---

# LIVRE PREMIER.

L'art. 9 du Projet énumère les peines ainsi qu'il suit,

1°. *La peine de mort*; 2°. *la peine des travaux forcés à perpétuité*; 3°. *la déportation*; 4°. *les travaux forcés à temps*; 5°. *la réclusion*; 6°. *la marque ou la flétrissure*; 7°. *l'infamie et le carcan*; 8°. *la relégation*; 9°. *la forfaiture*; 10°. *la confiscation générale*.

Art. 10. *Les peines pour simples délits seront*, 1°. *la détention à temps dans un lieu de travail et de correction*;

2°. *l'interdiction à temps de certains Droits civiques, civils ou de Famille.*

Art. 11. *Les peines pour crimes ou délits seront aussi le renvoi sous la surveillance du Gouvernement, l'amende et la confiscation spéciale du corps de délit, ou des choses produites par le délit, ou qui ont servi à le commettre.*

## OBSERVATIONS.

Le cercle des crimes et délits s'est formé du moment que la méchanceté des Hommes s'est manifestée ; dès l'origine du monde, il y eut des assassins, des conspirateurs, des voleurs, des faussaires, des menteurs, des corrupteurs, des vagabonds, des impies, des blasphémateurs ; mais le genre de punition a varié selon les temps et les lieux ; selon les Gouvernemens, et les Mœurs des Nations. On s'est beaucoup plaint de notre ancien Code pénal ; on a dit qu'il ne proportionnait pas les peines aux délits ; et que n'ayant pas prévu tous les cas, il laissait trop à l'arbitraire.

L'on appréciera la valeur de cette accusation par de simples rapprochemens, et par quelques réflexions qui naîtront de l'examen de cette partie du Projet.

Les peines déterminées par la Législation criminelle de 1670, sont : *la mort naturelle ou civile*, *la question* (elle est abolie); *les galères perpétuelles ou à temps*, *le bannissement perpétuel ou à temps*, *le fouet*, *l'amende honorable* (art. 13 du tit. XXV).

L'usage a varié et multiplié ces peines, ainsi que leur genre; plusieurs même se puisent dans nos anciennes Ordonnances ; ce sont la peine du *feu*, la *roue*, la *potence* ; la *tête tranchée*, la peine d'être *traîné sur la claye*, le *poing coupé*, la *lèvre coupée*, la la *langue coupée ou percée d'un fer chaud*, la *flétrissure*; le *pilori*, le *carcan*, la *réclusion à temps ou à toujours dans une maison de force*, le *blâme*, l'*admonition*, la *confiscation*, l'*amende*.

Outre ces peines, il en est de particulières aux Militaires, aux Marins, aux Esclaves de l'Amérique; mais cela étant étranger au Projet de Code, ce n'est pas ici le lieu d'en parler.

---

Art. 12 du Projet. *Tout condamné à mort aura la tête tranchée.*

## *OBSERVATIONS.*

Les Rédacteurs ont pensé qu'il fallait ramener là, le genre de mort de tous les coupables des plus grands crimes, indistinctement; tels que ceux pour complots contre la chose publique, les attentats contre le Chef de l'Etat, les Chefs de séditions armées, les meurtres, assassinats et empoisonnemens; les incendies, les vols et brigandages qui attaquent la vie et les biens des individus, les suborneurs et faux témoins qui ont conduit des innocens à la mort, les faux monnayeurs, et les contrebandiers armés.

Cette idée a été conçue lorsqu'une secte impie et révoltée contre l'ordre établi, proclama les prétendus Droits de l'Homme, où l'on trouva que tous les hommes *étant égaux devant la Loi*, il ne devait y avoir entre les grands coupables qu'un genre de mort.

C'était, ce semble, tirer d'un principe vrai, une conséquence fausse. Sans doute, aux yeux de la nature et de la Loi, il n'y a pas de distinction entre les hommes, quant à la justice qui leur est due ; et la mesure doit être la même pour tous, soit qu'elle protège, soit qu'elle punisse.

C'est précisément cette mesure de justice que nous revendiquons ici. Les distinctions sont une émanation essentielle de l'ordre social; elles naissent des diverses fonctions auxquelles on est appelé. Ainsi, la qualité des personnes change la nature du crime ; et sans sortir de l'espèce présente, prouvons-le par un exemple : Deux *assassins*, l'un simple citoyen, d'une condition commune, et sans éducation, pressé par la misère d'une nombreuse famille, ou même sans cette circonstance, arrache la vie à un passant qui se refusait à lui donner sa bourse; l'autre est un *sujet* qui tue son Roi, ou un *Juge* qui tue ou empoisonne l'une de ses parties, pour s'emparer de son bien; ou un *Père* qui tue son Fils; ou un *Fils* qui tue son Père, ou sa Mère, ou son Frère ; ou un *Tuteur* qui commet le même forfait sur son Pupile pour le même motif; ou un *Fermier* sur son Maître : on conviendra que ce crime sera beaucoup plus considérable par la qualité des coupables, et cependant tous subiront le même genre de mort ! cela n'est pas juste.

Dans ses Observations, *M. Target* dit la raison qui a décidé pour un seul genre de mort; tout en convenant que les crimes les plus graves sont ceux qui attaquent la sûreté de l'Etat, qui ébranlent les fondemens de l'ordre et la paix publique, il avoue, d'après *Sénèque*, que la Loi ne punit que pour l'exemple ; et de là il conclut que *l'efficacité de la peine se mesure moins sur sa rigueur, que sur la crainte qu'elle inspire;* comme si cette crainte n'était pas produite uniquement par la rigueur du châtiment ! tellement que cette crainte diminuerait, selon la sévérité plus ou moins grande de la peine ; ensorte qu'il n'y a plus de crainte là où il n'y a que peu ou point de punition ; et dans le vrai, n'est-ce pas pour glacer d'effroi toutes les âmes, qu'en tout pays, les plus grands crimes sont punis de mort ?

Mais, dit M. Target, prenez bien ma pensée : je dis que *la crainte qu'inspire la peine, est proportionnée à la certitude et à la célérité de la peine, plus qu'à sa sévérité* ; et si « l'expérience avait convaincu les coupables qu'ils ne peuvent » ni éviter la peine, ni lui échapper ensuite, et qu'elle les » atteint d'un pas rapide, l'idée du châtiment se liant toujours » à l'idée du crime, *sa douceur ne nuirait guères à son* » *efficacité.* »

Ainsi, selon M. Target, la douceur du châtiment doit produire dans l'âme du coupable à-peu-près le même effet que sa sévérité, pourvu qu'il soit bien convaincu qu'il n'évitera pas la peine et qu'il la subira promptement. Quelle erreur! Erreur funeste, d'où vont découler des ménagemens injustes pour les coupables de tous les genres! Erreur enfin qui rompt l'échelle des peines que la raison et la justice avaient également posée.

Et d'abord, toutes les mesures sont-elles prises par le Projet de Code, de telle sorte qu'aucun coupable ne pourra échapper, et qu'il y aura grande célérité dans le Jugement? Nous avons démontré le contraire.

Mais, en le supposant, les malfaiteurs en seront-ils bien persuadés ? Jamais. L'aveuglement qui les porte au crime, leur fait toujours espérer de réussir, et d'échapper à toutes recherches, et souvent même à la peine qu'ils méritent, à force d'astuces, ou à l'aide des prestiges d'une dangereuse éloquence. Qu'on ne s'y trompe point, ce n'est pas dans l'action que les scélérats réfléchissent sur les dangers qu'ils courent ; au contraire, l'action est le résultat de la réflexion; et s'ils calculent en agissant, ce n'est qu'aux moyens d'exécution. Déjà, ils avaient délibéré en eux-mêmes ; et leur âme atroce avait prononcé entre l'objet de leur cupidité ou de leur vengeance, et ce qu'ils avaient à craindre des Lois. C'est donc seulement dans le moment de la réflexion qui précède, qu'elles opèrent sur tous ceux qui se trouvent arrêtés par la crainte des châtimens. Ceci se justifie d'une part, par le nombre effrayant de coupables qu'a produit, depuis 15 ans, l'impunité ou l'insuffisance des Lois; et d'autre part, par la légéreté et l'espèce d'impudence avec laquelle les voleurs subissent *l'exposition* ridicule qu'on appelle peine, et qui ne fait plus, sur la plupart, la moindre impression. C'est donc la peine plus ou moins sévère qui augmente ou diminue la crainte, et qui, par conséquent, est un des deux grands mobiles de nos actions.

M. Target fait violence à son humanité, pour se décider pour la peine de mort; et pour tâcher, apparemment, d'en adoucir l'idée dans la pensée des criminels, il s'appuie de *Montesquieu* et de *J.-J. Rousseau* qui, selon lui, la définissent en Philosophes éclairés et profonds, en ces termes : *C'est un échange raisonnable que l'homme en société fait du risque de sa vie, en la donnant à la Loi, s'il a le malheur de devenir coupable, contre la sûreté de sa propre vie, qu'il acquiert probablement par la rigueur de cette Loi même.*

Cette définition, vraie ou fausse, est trop déliée pour nos faibles lumières; nous la laisserons pour ce qu'elle est : nous dirons seulement, avec les gens qui ont le sens commun, que l'extermination des grands coupables est un avertissement pour ceux qui voudraient les imiter, et un gain pour les gens de bien. Nous ajouterons que des définitions philosophiques sont bien peu rassurantes pour les uns et pour les autres.

Enfin, M. Target avance que la peine de mort ne peut atteindre qu'une certaine classe à part ; que ces hommes dégradés par la misère, avilis par le mépris, vieillis par de longues habitudes, ou de crimes, ou de fraudes ( ce sont ses termes ); et c'est à ces hommes qu'il applique cette sentence : *de tous les sentimens qui affectent les hommes grossiers, le plus vif est l'amour de la vie, et la crainte de la perdre.*

Mais pourquoi ne parler que de ces âmes qu'il appelle *dures*, *sèches, farouches, dénuées d'idées morales ?* N'y a-t-il donc dans la société que des gens grossiers, que *cette race abâtardie* ( pour parler comme lui ) qui soit dévouée à l'échafaud ? L'expérience prouve, au contraire, et signale des scélérats dans toutes les conditions ; et bien moins même dans le peuple que dans les conditions relevées, où naissent l'orgueil, l'ambition, et toutes les passions que favorise, d'ordinaire, une éducation vicieuse ; car c'est la mauvaise éducation, bien plus que la nullité, l'absence de toute éducation qui corrompt la société, en faisant pulluler les méchans. Mais qui craint le plus la mort, je dis la mort violente, et surtout une mort infame, ou de celui qui, favorisé des honneurs, marquant dans la société, et jouissant des aisances de la vie, n'a jamais appris à s'en détacher ni à mourir ; ou de ces hommes grossiers et malheureux dont parle M. Target, qui croient ne trouver de terme à leurs maux qu'en cessant de vivre ? Si ce pouvait être là un problême, c'est à sa sagesse que nous en soumettons la solution.

Ainsi, point de ménagement ; dès que la mort fut dans tous les temps jugée nécessaire pour la punition des grands crimes et pour l'exemple, il la faut montrer à découvert, et dans toute sa laideur ; il faudrait, pour ainsi dire, pouvoir porter, et graver profondément dans l'âme des vivans, l'épouvante et l'effroi du coupable, au moment où il monte à l'échafaud !

Non, ce n'est pas assez de revêtir un *régicide*, un *parricide*, un *conjugicide*, un *assassin*, un *empoisonneur*, un *incendiaire*, un *brigand*, d'une *chemise rouge ;* de *l'exposer* une heure aux regards du peuple, et de lui *couper le poing* avant de lui donner la mort (*art.* 13 *du Projet*); ces scélérats étant plus ou moins coupables, leur genre de mort ne saurait être le même; et nous insistons avec une sorte de confiance, quand nous avons pour nous, les grandes lumières qui illustrèrent le beau siècle de Louis XIV.

Non-seulement nos Ordonnances graduaient cette peine, selon la qualité des coupables; mais encore sur la qualité du délit, sur les circonstances du temps, du lieu, sur la qualité de la personne offensée, ou des choses volées ou profanées, parce que les crimes deviennent plus graves ou plus légers, suivant ces différentes considérations, et donnent lieu à une peine de mort plus ou moins sévère. Nous aurons occasion d'y revenir, et de développer cette vérité par des applications aux cas particuliers.

Nous ne voyons pas le crime de *suicide* et de *duel* dans le Projet.

Cependant, attenter, de sang-froid, à sa propre vie, est un véritable assassinat; et les Lois punissent de mort les duélistes. Elles font avec raison le procès au cadavre de l'homicide de soi-même, que l'on conduit à la voierie, pendu par les pieds. (*Ordonnance de* 1670, *tit.* 22, *art.* 1; *et Edit. de* 1679).

L'énormité de ces crimes réclame hautement contre cette omission.

# LIVRE III.

Ce Livre traite des crimes et délits contre le Chef de l'Etat, et la chose publique, et de leur punition, qui est la peine de mort et la confiscation.

Les mêmes cas sont prévus par les Ordonnances, en d'autres termes; elles ont pour objet les crimes de lèze-Majesté, aux premier et second chefs.

Ceux du premier chef sont l'attentat sur la Personne du Souverain, sur ses Enfans et postérité (*Ordonnance de* 1531); 2°. l'attentat à la chose publique, par des ligues, associations et correspondances pratiquées, soit entre les sujets, soit avec des étrangers (*Ordonnances de* 1562 *de Blois, et de* 1583); 3°. enfin la non-révélation de la connaissance qu'on peut avoir d'une conspiration contre le Souverain ou contre l'État (*Ordonnances de* 1477 *et de* 1537).

Les criminels de ce premier chef étaient punis, tant en leurs personnes qu'en leurs biens, *tellement*, dit l'Ordonnance de 1531, *que ce soit chose exemplaire;* et la juste horreur de ce crime a fait prononcer contr'eux le supplice d'être tirés à quatre chevaux, et la confiscation de leurs biens. On fait même le procès au cadavre (*Ordonnance de* 1670).

Le crime du second chef est aussi puni de mort; ce sont le port d'armes et assemblées illicites, les déserteurs hors du Royaume, ceux qui font levéed e troupes ou amas d'armes, les séditieux, etc. (*Mêmes Lois, et celles de Charles VIII de 1487, de 1534, de 1629 et de 1595*).

---

*Art.* 187 *du Projet.* « La seule désobéissance aux ordres » des autorités, est un délit. »

## OBSERVATIONS.

Il faut sans doute obéir à l'autorité ; mais que faire si ses ordres sont un abus de pouvoir ? Cet abus sera une vexation, une tyrannie dont le cas paraît n'être pas prévu.

L'art. 236 du Projet ne serait qu'inutile, *si l'arbre ou tout autre signe de liberté* dont il parle, ne devait pas perpétuer de douloureux souvenirs, et rappeler sans cesse qu'on n'a employé ces signes funestes que pour charger de fers la Nation entière, après avoir immolé son Roi et renversé ses Autels! Ah ! qu'un pareil article ne déshonore pas notre nouvelle Législation criminelle, de peur que nos descendans auxquels l'Histoire transmettra nos désastres passés, n'accusent de complicité la sagesse même du Gouvernement qui en a fermé l'abîme !

*Art.* 245 *du Projet.* Cet article prononce une amende et la confiscation des livres ou autres écrits répandus, qui attaqueraient et violeraient *la Morale naturelle ou publique.*

Qu'entend-on par morale naturelle, morale publique ? Si c'est ce que la droite raison admet, les adjectifs *naturelle* et *publique* semblent inutiles; car le mot *Morale* dit tout. Mais la particule *ou*, distingue une morale publique. A-t-on entendu une morale résultante de nos Lois, de nos usages, de nos préjugés? Dans ce cas, les Écrivains auront beau jeu : jamais on ne pourra les convaincre d'avoir attaqué la morale publique;

car

car ils se retrancheront et trouveront leur excuse dans l'interprétation ambiguë de nos Lois, de nos usages ou de nos préjugés; ils abuseraient de cette distinction qui ne nous paraît que dans les mots. Les Lois ne doivent pas être subtiles, mais claires et concises; elles doivent n'avoir rien de vague, ni prêter des armes à la licence. Montesquieu dit, qu'elles ne sont pas un art de logique, mais la raison simple d'un Père de famille.

Cependant, par cette définition de Morale *naturelle,* on semble faire abstraction, et de la Religion et des Lois; c'est comme si l'on disait la Morale raisonnable. Mais qu'a-t-on fait, ou que n'a-t-on pas fait sous le règne de la Raison? Chacun se disait raisonnable; et nous n'étions qu'un peuple de fous! On substitua à la Raison toutes les erreurs, tous les écarts, dès que la Religion ne l'a plus éclairée de son flambeau; et c'était toujours au nom de la Raison qu'on agissait, et que le sol français dévorait, comme *Saturne*, ses propres enfans!

Revenons donc à cette vérité capitale: que la Religion d'une Nation, fût-elle fausse, dit Montesquieu, forme le caractère de ses mœurs; car si la Morale naturelle doit être le fruit des lumières de la raison, la Morale publique se compose des Mœurs particulières, qui n'existeraient pas sans Religion. Si bien que partout où il y a des Mœurs, c'est qu'il y a de la Religion: c'est donc la Religion qui fait la Morale publique. Mais quelle sera cette Morale en France, où toutes les Religions sont également accueillies, protégées? La Religion Catholique étant celle de la grande majorité des Français et du Chef de l'État, sans doute les Mœurs publiques doivent être le résultat de son heureuse influence. Pour cet effet, il faut la protéger puissamment, et la tirer de son état de débilité et de langueur; autrement point de Mœurs publiques à espérer. Et l'on retombera dans le plan diabolique de la secte Voltairienne, qui soutenait, que la Raison, toute seule, pouvait gouverner le monde; et qui l'exprime avec tant d'impudeur, dans ces vers du Patriarche impie, si haîneux contre le Trône et l'Autel, qu'il n'épargne même pas, dans son Epître à *Horace*, les deux plus grands Poëtes d'Italie, qui ont chanté Auguste (1).

---

(1) Il dit donc :

Je suis un peu fâché pour Virgile et pour toi,
Que tous deux, nés Romains, vous flattiez tant un Roi.
Mon Frédéric, du moins, né Roi légitime (*a*),
. . . . . . . . . . . . . . . . . . . .
J'appelai les métiers (*à Ferney*) qui précèdent les arts;
Et pour mieux cimenter mon utile entreprise,
J'unis le Protestant avec ma sainte Eglise.
Toi qui vois d'un même œil, frère Ignace et Calvin (*b*),
Dieu tolérant, Dieu bon, tu bénis mon dessein.

---

(*a*) Ce Roi n'aurait pas eu ce coup d'encens, s'il n'avait pas été un zélé patron de la secte.

(*b*) Ce n'est pas ici un Traité de Théologie; toutefois réfutons briévement ce blasphème, qui pourtant, a tant de prosélytes.

Croire que Dieu approuve toutes sortes de Religions; et qu'on peut se sauver dans toutes, ce n'est connaître ni la Religion ni Dieu. Il n'y a qu'un seul vrai Dieu; il n'y a donc qu'une seule vraie Religion. La vérité est la même partout; mais deux vérités contraires ne sont plus deux vérités. Il ne peut pas être vrai que l'*Alcoran* soit, en Turquie, l'ouvrage de Dieu, et vrai en France qu'il soit l'ouvrage du Démon; que l'*Evangile* soit véritable en Europe, et qu'il soit faux en Afrique; que le Pape soit à Rome le Vicaire de Jésus-Christ; et qu'il soit l'Antechrist à Genève. Le Dieu de la vérité ne peut donc pas vouloir qu'on croie en Turquie et à Genève d'une façon, et qu'on croie le contraire à Rome et en France. Dieu est un Esprit de sainteté et de sagesse; il ne peut donc pas approuver le vice et les folies de l'esprit humain. Or, si Dieu approuvait toutes les Religions, il voudrait donc que je vécusse en idolâtre parmi les Idolâtres, en payen parmi les Payens; que j'honorasse Jupiter et Vénus, comme ces peuples, par des impudiques cérémonies, et par d'infames bacchanales. Penser de la sorte, ce n'est plus reconnaître Dieu; l'Athéïsme est quelque chose de moins affreux qu'un tel système.

L'impie ne crie contre la Religion chrétienne, que parce qu'elle prescrit des

Nous croyons donc qu'il faut retrancher de l'article, les mots *naturelle ou publique*. ( Au surplus, voyez ce que j'ai dit au sujet du *Jury*, proposé pour examiner les Écrits, et des *Censeurs*).

L'art. 249 du Projet *prohibe* tout *costume particulier*, hors de l'enceinte du lieu consacré à l'exercice, soit de la Religion,

---

André Ganganelli, ton sage et doux Vicaire,
Sait m'approuver en Roi, s'il me blâme en Saint-Père (*c*).
. . . . . . . . . . . . . . . . . . . . . .
Vingt siècles descendus dans l'éternelle nuit,
T'ont dit comme tout change, et par quel sort bizarre
Le laurier des Trajans fit place à la thiare;
Comment ce fou d'Ignace, étrillé dans Paris,
Fut mis au rang des Saints, même des beaux-esprits;
Comment il en déchut. . . . . . . . . . . . . . .
. . . . . . . . . . . . . . . . . . . . . .

*Et pour exprimer avec plus de malice, la pernicieuse maxime qu'il faut*

---

devoirs; il ne se retranche dans ce qu'il appelle la Religion naturelle, que parce qu'il croit se soustraire à toute espèce d'obligation. Par là, il se vante d'approuver également toutes les Religions; mais au regard de toutes, il n'est qu'un Renégat, qui ne tend à rien moins qu'à l'extinction de tout principe religieux; il n'est qu'un imposteur, quand il accuse notre croyance d'intolérance et d'injustice, et qu'il dit que le Dieu des Chrétiens livre aux flammes éternelles, ceux qui n'ont pas été à portée de connaître la Religion; car l'intolérance religieuse est opposée à l'erreur; elle ne la persécute pas, et n'est pas contraire à la tolérance civile, qui serait outrée en protégeant l'impiété, qui veut l'indifférence pour tous les cultes; et voici, pour répondre à tout, le dogme enseigné par Jésus-Christ, transmis par nos Pères, défini par les Conciles.

« On n'entre dans le Ciel que par l'Eglise, et dans l'Eglise que par le Baptême......
» Mais il n'a pas plu à Dieu de nous révéler ce que deviendront tous les hommes
» de tous les siècles qui, ayant ignoré les lois positives, se sont conformés aux préceptes
» naturels que leur présentait la raison » ( *Démonst. Evang. par M. Duvoisin, Evêque de Nantes. A Paris, chez Lenormant*).

(*c*) Deux vers plus haut, Voltaire avance que Dieu voit du même œil toutes les Religions; or, à moins que de mettre la Divinité en contradiction avec elle-même, son Vicaire ne peut pas approuver en Roi, ce qu'il blâme en Pape. La morale des Rois doit être celle d'une Religion de paix, incompatible avec l'erreur.

soit de toute autre Société; à moins que le Gouvernement n'en ait formellement donné la permission.

Cette prohibition est la suite de la suppression qui fut faite si légérement de tous les ordres et costumes religieux, par ceux qui en voulaient à la Religion même. Le torrent dévas-

---

*vivre et mourir gaiement, voici ce qui se passait dans une maladie qui le mit à deux doigts de la mort :*

Hubert me faisait rire avec ses Pasquinades,
Et j'entrais dans la tombe au son de ses aubades.
Tu dus finir ainsi (*à Horace*); tes maximes, tes vers,
Ton esprit juste et vrai, ton mépris des Enfers;
Tout m'assure qu'Horace est mort en honnête homme (*d*):
Le moindre Citoyen mourait ainsi dans Rome.
Là, jamais on ne vit monsieur l'abbé Grizel,
Ennuyer un malade au nom de l'Éternel;
Et fatigant en vain ses oreilles lassées,
Troubler d'un sot effroi ses dernières pensées.
Voulant réformer tout, nous avons tout perdu.
Quoi donc! un vil mortel, un ignorant tondu,
Au chevet de mon lit viendra, sans me connaître,
Gourmander ma faiblesse, et me parler en maître!
Ne suis-je pas en droit de rabaisser son ton,
En lui faisant moi-même, un plus sage sermon?
. . . . . . . . . . . . . . . . . . . .

VOLT. Epît. à HORACE.

---

(*d*) Dans ce cas, il n'a pas dû mépriser le lieu destiné à punir le vice après la mort; et Voltaire calomnie le Poëte romain; car les Payens même n'en ont jamais douté, non plus que d'un lieu de délices pour récompenser la vertu, trop souvent en butte aux peines de cette vie. Saint Augustin dit : Les méchans ont intérêt à le nier; mais ils n'osent le penser. Jésus-Christ, en son Evangile, répète six à sept fois, dans un seul chapitre, que le feu de l'Enfer ne s'éteindra jamais (*Marc*, 9). Et Saint Paul : Ceux qui n'obéissent point à l'Evangile, souffriront des peines éternelles. *Qui non obediunt Evangelio, pœnas dabunt in interitu sempiternas* (II Thess. 1).

tâteur a englouti, en effet, toutes les institutions; et fait disparaître, non-seulement les costumes, mais encore tous les signes extérieurs de dignité et de considération, nécessaires au maintien de l'ordre et du respect public.

Maintenant qu'on est revenu de cette erreur, pourquoi la consacrer, la perpétuer plus long-temps, en prohibant un costume qui reparaît, du consentement même du Gouvernement? Dès que la permission est constante, il est de toute inutilité d'exprimer dans un Code, qu'il ne sera permis que de l'agrément formel du Gouvernement; car la même autorité qui permet, a le droit de défendre; or il eût, ce semble, mieux valu exprimer le sens inverse, en proclamant *la liberté entière du costume au-dehors, convenable à chacun, selon son état,* sauf les mesures ultérieures du Gouvernement, le cas échéant; car cet objet est étranger au Code; il est purement réglementaire et de simple police.

Les Art. 252 et 253 du Projet, infligent une peine à ceux qui, dans des assemblées, professeraient des principes contraires à la Morale naturelle ou à la Loi politique, ou qui auront outragé les objets d'un Culte, ou ses Ministres en fonctions.....

Ces dispositions sont bien vagues; seront-elles applicables ou aux auteurs d'écrits immoraux, ou à tous ceux qui en donneraient connaissance, ou qui les propageraient dans la Société?

De ce genre sont les Comédiens, dont la licence est au comble, et qui, par état, corrompent les Mœurs au lieu de les corriger; on les gâte en les laissant se répandre à l'excès. Naguères il leur était défendu de représenter des actions déshonnêtes, ni d'user d'aucune parole lascive ou à double sens, qui puisse blesser l'honnêteté publique, sous peine d'être déclarés infames, d'interdiction du théâtre, et même de plus grande peine, qui ne pouvait néanmoins être autre que l'amende ou le bannissement (*Déclaration du 4 avril* 1641).

La sagesse de cette Loi est évidente, mais son inexécution est un crime de lèze-nation, un attentat contre les Mœurs, aujourd'hui qu'il est du bon ton de voir les parens mener leurs enfans au Spectacle, pour leur apprendre à se perdre.

---

## *De l'Infanticide, etc.*

Art. 284, 285, 286 et 287 du Projet. La *déportation* est la peine proposée contre le crime *d'infanticide*, qui est défini ici : « *l'homicide* causé par une Mère non-mariée, ou ses » complices, de son enfant nouveau-né, qu'on aura privé des » secours qu'il lui fallait pour vivre. »

Mais n'est-ce pas là un véritable assassinat qui est justement puni de mort?

L'art 293 du Projet propose la *réclusion* contre une femme enceinte qui se sera procuré *l'avortement* par quelques breuvages ou autres moyens, et contre ceux qui, par les mêmes moyens, lui auront causé cet accident.

Voilà encore un homicide, un assassinat, et sa peine sera une simple réclusion!

Ce serait mal raisonner que de prétendre, avec *Solon*, qu'il faut aux Peuples, non les meilleures Lois, mais des Lois selon leurs mœurs et leurs caractères; et qu'ainsi un Peuple, relâché dans ses mœurs, ne pourrait supporter des Lois sévères. Paradoxe dangereux qui tend à induire, que les bonnes Lois toutes fondées sur la vérité, ne conviennent pas également à tous, et qu'ainsi un pays sans mœurs, n'a pas non plus besoin de Lois; au contraire, comme les Peuples se perdent par la corruption des mœurs, le seul moyen de les sauver, c'est de leur donner de bonnes Lois qui les redressent et les ramènent au bien. Un remède qui ne serait pas plus fort que le mal, serait sans efficacité.

Ainsi pensaient nos anciens Législateurs. Les Rédacteurs du Projet ne font pas même attention aux *recélés de grossesse;* il eût été desirable qu'ils se pénétrassent bien de la sagesse des motifs des Ordonnances de 1556, 1586, et de la Déclaration de 1708, qui prononcent la peine de mort contre *toute femme qui se trouvera convaincue d'avoir célé, couvert et oculté, tant sa grossesse que son enfantement, sans avoir déclaré l'une ou l'autre;* et la lecture et publication de ces Lois étaient requises, de 3 mois en 3 mois, aux Prônes des Messes Paroissiales, pour que nul n'en prétendît cause d'ignorance.

Le crime d'avortement emporte recélé de grossesse, destruction de part, et par conséquent homicide.

Sur la *grossesse célée*, un Arrêt du Parlement de Bordeaux, du 30 Octobre 1536, a condamné une fille à être pendue, sur sa confession. *Papon* en rapporte un semblable, du 4 Mars 1556.

Deux Arrêts du Parlement de Paris de 1730 et 1731, rendus contre *Marie Grinjean* et *Françoise Roche*, prouvent sur ce point la même jurisprudence.

Sur la *grossesse célée sans mort de l'enfant*, un Arrêt du 12 Février 1731, a condamné *Anne Landouze* d'être battue et fustigée nue, de verges, ayant la corde au cou, flétrie d'un fer chaud, marquée et bannie à perpétuité hors du Royaume, et ses biens confisqués.

Sur *l'avortement*, un Arrêt du Parlement de Provence, du

17 Juillet 1715, condamne *Jean Michel*, convaincu de crimes de rapt et attentat de suffocation de part, à l'amende honorable, et à être pendu et brûlé. Enjoignit à *Anne Fassy* de demander pardon à son père, dans le parquet de l'Audience, déchevelée et à genoux ; et la remet à sondit père, pour prendre garde à son enfant.

Le premier Tribunal de l'Empire a exprimé ses regrets sur l'impunité de crimes si horribles. On dirait, dit-il, qu'il y a une espèce d'accord des Jurés, pour acquitter les filles-mères, mises en Jugement pour avoir fait périr leurs enfans (*Observ. à la suite du Proj. p.* 316).

Sur la *supposition de part*, nous avons un exemple fameux du châtiment de ce crime, dans un Arrêt qui condamne *Marie Pigorreau, femme Beaulieu*, à mort, pour s'être faussement prétendue et dite mère du fils de la dame *Saint-Géran*. Le même Arrêt prononce la même peine contre *Louise Gaillard*, Sage-Femme, qui avait contribué à la supposition de part.

On ne pourrait accuser ces Lois et cette Jurisprudence d'excès de sévérité, qu'en transigeant avec le crime, et en se déclarant même contre les Lois romaines, qui punissaient aussi du dernier supplice, les recélés de grossesse, les avortemens et suppression de part (*Leg. si mulierum* 8, *ff. ad leg. Cernel de Sicor*).

Les art. 294, 295 et 296 du Projet punissent d'une détention temporaire et d'une amende, *l'exposition de part.*

Ce crime est grief, quoique moins considérable que les précédens ; et la peine proposée au Projet est une dérision. Un Arrêt du 24 Octobre, 1576, condamne une fille qui avait exposé son enfant, à être fustigée devant la maison des Recommandaresses.

Un

Un autre, du 26 Mai 1682, prononce la même peine, avec écriteau devant et derrière, portant ces mots : *Sage-Femme convaincue d'exposition d'enfant*, et au bannissement pour 5 ans.

Enfin, un Arrêt de Réglement, du 30 Juin 1664, et la déclaration du mois de Juin 1670, concernant les enfans trouvés, contiennent des dispositions fort sages.

---

## *Des Mariages clandestins et du Rapt.*

---

Les art. 297, 298, et 299 du Projet, punissent de la *réclusion*, le crime de *rapt* de *séduction*, ainsi que le Mariage fait par un majeur avec une fille ayant moins de 16 ans, sans le consentement de ses père et mère.

Et la peine sera des *travaux forcés à temps*, si l'enlèvement est d'une fille au-dessous de 16 ans (*Art.* 300 *du Projet*).

### *OBSERVATIONS.*

Il y a de l'obscurité dans la rédaction de l'art. 300; on ne sait si c'est le consentement des père et mère de la fille ou du garçon, qu'il exige : ce devrait être le consentement des pères et mères de l'un et de l'autre.

La réclusion, qui n'est ici qu'une détention de 10 ans, au plus, est-ce une peine suffisante pour réprimer ces *Mariages clandestins*, contre lesquels les Lois se sont toujours élevées avec tant de raison ?

L'Édit de Henri II, de *1556*, contient des dispositions non moins sages que sévères; il permet aux pères et mères d'exhéréder leurs enfans, qui se marieraient sans leurs vouloir et consent tement; et de révoquer les avantages et donations qu'ils leur auraient faits; les rend inhabiles à toute succession, à l'exception des garçons de plus de 30 ans, et des filles de plus de 25, qui n'auront besoin que de requérir leurs conseils et avis; chargeant l'honneur et la conscience des Juges, *d'infliger telles peines* qu'ils aviseront, selon l'exigence des cas, envers les conjoints de tels Mariages, ainsi que ceux qui les auraient aidés ou favorisés.

Les Ordonnances de 1629 et 1639, vont plus loin : ces Mariages sont déclarés non-valablement contractés.

Le 4e Concile d'Orléans, tenu en 541, Can. 22, traite d'impiété la faute que commettent les enfans, en se mariant contre le gré de leurs parens. Cela est contraire au Droit divin (*Trade filiam*, dit l'Ecclésiastiq. Sap. 7.); et la nature même en est offensée, dit Justinien. *Inst.* 1, *tit.* 10.

La Jurisprudence des Arrêts est absolument conforme; on n'en citera que trois; l'un, du 10 Juin 1692, qui décrète d'ajournement deux Notaires, pour avoir donné acte à des Parties, du consentement qu'elles s'étaient donné, en présence du Crucifix, dans une Église paroissiale; l'autre, en forme de Réglement, de 1680; et l'Arrêt du Conseil, du 10 Juillet 1715, qui déclare nul le prétendu Mariage du Comte de *Fronsac*, avec une fille de Besançon, à qui il avait donné sa foi de mariage, dans sa chambre, en présence de deux Témoins, et du Vicaire de la Paroisse.

## *Du Viol.*

Les anciennes Lois punissaient de mort le crime de *viol*, qui était mis sur la même ligne que le *rapt de violence*, ou *de séduction :* les fils et les filles étaient punis de mort, même sans espérance de grâce (*Capitul.*). Childebert, en 595, défendit aux Grands de parler en faveur des ravisseurs condamnés à mort : Ordonnances de 1560, 1579, 1639; celle de 1670, met le rapt dans le nombre des crimes irrémissibles.

Si on cherche les raisons d'une telle sévérité, on les trouve, et dans les Lois mêmes, et dans une *Déclaration* du 22 novembre 1730, rendue pour tout le Royaume, sur les représentations des États de Bretagne. Nous regrettons de ne pouvoir en donner ici l'analyse; elle ordonne l'exécution des anciennes Ordonnances, relativement au rapt de séduction ou de violence; et condamne à mort le ravisseur, sans qu'il y ait lieu à l'option d'épouser la personne ravie; ni que les Juges puissent permettre la célébration du Mariage, avant ou après la condamnation, pour exempter l'accusé de la peine prononcée par les Ordonnances; abus qui s'était introduit, contre leurs dispositions, dans plusieurs Parlemens, par une fausse pitié pour les coupables, et au mépris des Lois de l'Église et de l'État, de l'intérêt des Familles, et même de l'Autorité souveraine, qui s'était privée de faire grâce d'un crime, que les Lois déclarent irrémissible.

Et le viol est puni, au Projet, de la simple *réclusion* (art 289)! ou des *travaux forcés à temps*, si le crime a été commis sur un enfant au-dessous de 15 ans (art. 290)! ou de la *déportation*, si le coupable était en autorité, ou serviteur à gage de la personne violée, ou s'il a été aidé dans son crime (art. 291)!

Futile distinction, quand le crime s'applaudit en secret de l'impunité! quand la société et les mœurs, non satisfaites, crient toujours vengeance!

On trouve, au *Dictionnaire des Arrêts*, plusieurs exemples de la peine de mort, prononcée contre le viol, comme contre le rapt. Nous ne citerons que l'Arrêt du 31 Août 1616, du Parlement de Grenoble, qui condamne un ravisseur et violateur d'une fille de 4 ans 8 mois, à être roué.

Enfin, le rapt était puni de mort chez les Romains (*Cod. Théod. L.* 9.). Chose singulière! nous tenons à honneur de ressembler à ce Peuple; nous l'admirons dans ses Lois, dans sa sagesse, dans sa valeur, dans sa piété, dans ses mœurs mêmes; et cependant nous voulons, sur ce point capital, nous en tenir à une énorme distance! Leurs Lois nous édifient, et cependant il y a grande apparence qu'ils se les donnèrent dans un temps où leurs mœurs ne valaient guère mieux que les nôtres; mais ils se les donnèrent, ou pour protéger leurs mœurs contre la corruption, si elles étaient bonnes; ou pour les réformer, si elles étaient relâchées; bien convaincus que les bonnes Lois ont, dans tous les cas, de salutaires effets. Et *Montesquieu*, trop souvent consulté, peut-être, en tant d'autres occasions; Montesquieu, qu'on n'accusera pas d'outrer la mesure des peines, mais de trop de douceur, improuve, comme insuffisante, la peine adoptée au Projet, et veut formellement que le *viol* et l'*enlèvement* soient punis de mort (*Esp. des L., t. I, p.* 386).

---

## *De la Bigamie.*

L'art. 308 du Projet, punit aussi de la *réclusion* et d'une amende, depuis 100 jusqu'à 2000 fr., le *bigame*, ainsi que l'Officier civil qui aura sciemment prêté son ministère.

Il y a ceci de remarquable au Projet, c'est que les Rédacteurs semblent avoir pris à tâche de n'adopter pas un seul genre de peine prescrite par nos anciennes Lois, quoique les crimes et délits d'aujourd'hui, ne diffèrent en rien de ceux d'autrefois, à moins que ce ne soit en gravité; ensorte que cette innovation générale suppose qu'il y a nécessité de bouleverser en ce moment, de fond en comble l'édifice majestueux, impòsant de notre ancienne Législation criminelle; mais cela ne serait vrai, qu'autant qu'elle nous aurait été donnée par des mains inhabiles, par des Législateurs qui n'auraient pas connu le cœur humain. Or, une telle pensée serait un blasphême; et la Monarchie étant rassise sur ses fondemens, il faut donc avoir le courage, la vertu de nous rendre à la jouissance de ses Lois.

La sagesse des Lois romaines se remarque en toute circonstance; elles laissaient la peine de la bigamie à l'arbitrage du Juge. (*Leg. Neminem* 2. *Cod. de incest. et inutilib. nupt.*) Un homme, dit l'Édit du Préteur, passera pour infame, si, du vivant de sa femme, il en épouse une autre (*Lib. Com.* 18, *Cod. ad Leg. Tul. de adult*).

En France, ils étaient punis de mort.

La Jurisprudence a modéré cette peine; c'est le carcan, avec la flétrissure, des quenouilles aux hommes; et l'écriteau aux femmes. On prononce ensuite les galères, le bannissement, ou autres peines, suivant les circonstances.

La tache *d'infamie* est, sans doute, d'une toute autre importance dans ses conséquences, que la simple réclusion et l'amende, proposées au Projet.

---

## *Du Maquerellage.*

L'art. 309 du Projet, propose la peine de *détention* de 6 mois à 2 ans, et d'amende, et même de la privation des droits civiques, pendant 5 ou 10 ans, contre les coupables de *maquerellage*.

Ce crime est si énorme, que les Payens mêmes l'avaient en horreur. Aussi, la Loi *Fin.* 7. *Cod. de Spectac. et Scen. et Lenonib.* le punit-elle de mort; ainsi que Justinien. *Nov.* 14.

Le maquereau ou maquerelle, en France, était condamné à être promené sur un âne, par les carrefours de la ville, le visage tourné vers la queue, avec un chapeau de paille sur la tête, et un écriteau; ensuite fouetté, marqué et banni pour un temps.

*Ferrière* remarque, que si on a suborné des filles et femmes d'honneur, il y a lieu à la *potence*.

---

## *Du Stupre.*

L'art. 310 du Projet, punit de la *réclusion* et d'une *amende*, les Tuteurs, Instituteurs, toutes personnes ayant surveillance ou autorité sur les jeunes gens, tout Ministre d'un Culte quelconque, coupable de ce crime; et le Serviteur qui aura séduit la fille de son Maître.

Cet Art. confond le maquerellage avec le *stupre*, ou commerce illicite. *Soluti cum soluta;* c'est-à-dire, la défloration d'une vierge, ou une veuve honnête, séduite sous promesse de mariage; espèces de crimes prévus par nos Lois, et qui ne sont pas assez sentis au Projet. La Déclaration de 1730, déjà citée, laisse aux Juges, par l'art. 3, de prononcer telles peines qu'il appartiendra, hors celle de mort, contre les majeurs ou mineurs qui se trouveront *coupables d'un commerce illicite;* si ce n'est que l'atrocité des circonstances, par la *qualité et l'indignité* des coupables, le crime parût mériter le dernier supplice; ce que nous laissons, est-il dit, *à l'honneur et à la conscience des Juges*, qui ne pourront, en aucun cas, décharger l'accusé de la peine de mort, sous la condition ou offre faite par les Parties de se marier.

On criera ici, à l'arbitraire; on dira qu'il est dangereux de laisser à l'honneur et à la conscience des Juges, de graduer la peine sur la gravité plus ou moins grande du crime.

Cependant, il faut bien en venir là; car tandis qu'une multitude de cas échappent à la Loi, le crime cependant se multiplie, et a ses *nuances* atténuantes ou aggravantes à l'infini; et c'est ce qu'en 1730, le Législateur a parfaitement senti. Sans doute, il faut gémir sur l'imprévoyance, autant que sur la malice humaine; mais il vaut mieux s'en remettre à la Justice du soin de mesurer, dans l'espèce, la peine sur le coupable d'un commerce illicite, que d'essayer d'en tracer, dans la Loi, une échelle insuffisante.

Ne nous le dissimulons pas; il ne faut que voir les mesures proposées au Projet, quoique si faibles, pour en conclure que nos mœurs sont dans un débordement épouvantable.

Ce n'est pas là, le ton modeste de la *Loi Salique*, à l'égard des femmes; elle condamne à 15 sous d'or un homme qui aurait serré le doigt ou la main d'une femme libre; à 30 s. d'or, s'il lui a serré le bras; à 45 s. d'or, s'il a eu la hardiesse de la toucher au sein, etc. Les Lombards avaient les mêmes Réglemens. Chez les Germains, un homme était déshonoré, s'il perdait sa chasteté avant 20 ans. Sixte V fit condamner aux galères le fils d'un Avocat, qui embrassa immodestement une jeune fille, malgré elle; il fit fustiger l'Estafier d'un Gentilhomme, qui voulut prendre la même liberté sur une Servante.

Les cas atroces, dont parle la Loi de 1730, sont, lorsqu'il y a une grande inégalité entre la personne séduite et le séducteur; l'abus de la confiance, de l'autorité, de la faiblesse, etc.; ce qui peut donner lieu à la peine capitale, au moins aux galères, et à la confiscation de biens.

Un Arrêt du 10 octobre 1582, a condamné à être pendu, un Domestique qui avait engrossi la fille d'un Président, son Maître. Tel est le vœu de la Coutume de Bordeaux, art. 106.

Il y avait peine de mort, pour viol commis par un *Tuteur* envers sa *Pupille;* par un *Magistrat* envers sa *Cliente;* par un *Geôlier* envers sa *Prisonnière,* et autres ayant autorité sur les personnes qu'ils violent.

L'Auteur des Causes Célèbres raconte, tome 4, qu'un Laquais ayant insulté, à la porte des Tuileries, une Dame de qualité, en voulant prendre des libertés indécentes, fut arrêté à la clameur publique, et condamné, par Sentence et Arrêt, au carcan, et banni pour un temps.

Il semble qu'on aurait pu, pour l'honneur de la Religion, ne pas parler, dans l'art. 310 du Projet, de ses Ministres; se trouvant compris dans l'acception de ces mots de l'article : *Toutes personnes ayant surveillance et autorité.*

Voilà bien, pour les coupables de rapt, de viol, de séduction, de bigamie, de maquerellage, de stupre, de commerce illicite; mais on ne voit rien, au Projet, sur la *fornication*, sur les *mauvais lieux*, la *débauche publique:* il est vrai, qu'il renvoie, à cet égard, aux Lois de Police des *maisons de débauche.*

Ce renvoi annoncerait, ou que les Rédacteurs n'ont pas eu le loisir de refondre ces Lois, ou qu'ils en proposeront le maintien; dans les deux cas, il ne sera pas inutile d'en donner une idée.

De

## De la Fornication.

Qu'est-ce que la *fornication*, sinon un commerce illicite avec une personne débauchée? C'est la définition qu'en donne M. *Muyard Devouglàns*, Traité des Crimes.

Une Ordonnance de *Charlemagne*, de 800 (*Baluze, tom.* I), défend à toutes personnes de donner retraite aux femmes de mauvaise vie, à peine, contre les hommes, de porter la femme débauchée sur leurs épaules, jusque sur la place du marché; et en cas de refus, d'être fouettés : et à l'égard des femmes, d'être aussi fustigées avec les prostituées.

## Mauvais lieux.

*Joinville* nous a conservé une Ordonnance de *St. Louis*, de 1244, qui défend à tous Propriétaires de louer leurs maisons, pour commettre et entretenir le péché de luxure, et ordonne la confiscation de la maison.

*Charles-le-Sage* renouvela, en 1368 et 1381, cette Ordonnance.

« Défendons, porte l'Ordonnance d'Orléans, tous bordeaux.... que voulons être poursuivis extraordinairement. »

L'Ordonnance de Henri III, de 1586, prononce aussi l'amende et la confiscation de la maison.

Arrêt du Parlement, du 23 Septembre 1734, qui condamne *Pierre Guillaume*, dit Lamotte, au carçan, et banni pour 9 ans, pour avoir tenu de mauvais lieux, avec scandale.

« L'on peut, dit Montesquieu, regarder l'incontinence publique » comme le dernier des malheurs, et la certitude d'un change- » ment dans la Constitution; aussi *les bons Législateurs ont-ils* » *exigé des femmes, une certaine gravité de mœurs.* Ils ont » proscrit. . . . . non-seulement le vice, mais l'apparence même » du vice. Ils ont banni jusqu'à ce commerce de galanterie, » qui produit l'oisiveté, qui fait que les femmes corrompent, » avant même d'être corrompues. » (Tom. Ier, liv. 7.).

St.-Louis (Ordonnance de 1254), de même que douze de nos Rois, ses successeurs, ordonnèrent que les filles publiques porteraient une marque de leur état infame, soit une jarretière au bras, soit une aiguillette sur l'épaule, qu'il ne leur était pas permis de tenir cachée.

Louis XIV fit un Réglement, en 1684, qui prononce la détention des filles et femmes de mauvaise vie, maison de la Salpétrière, et détermine le genre de travail, les habits, et le genre de correction de celles qui l'auraient méritée par leur conduite; Réglement renouvelé par une Déclaration de 1713.

Mais Louis XIV donna des Lettres-Patentes, en 1698, pour l'établissement du *Bon-Pasteur*, où se retirent les filles qui veulent quitter la débauche.

Dans les grands desseins qui échouèrent par la mort prématurée de Henri-le-Grand, il y avait un Réglement qui aurait ordonné aux Avocats et Procureurs-Généraux des Parlemens, de poursuivre et de punir exemplairement, tous ceux qui, par leur scandale d'une vie prodigue ou dissolue, auraient porté un notable préjudice au Public, aux Particuliers, ou à eux-mêmes, sous peine de répondre, en leur propre et privé nom, de tous les désordres arrivés par leur négligence ou leur connivence (*Mémoires de Sully, tom.* 7.).

Quand on mettrait la Religion et les mœurs à part, on ne devrait pas sévir avec moins de rigueur contre la prostitution : le préjudice qu'elle porte à la population, devrait seul suffire. M. *de Beslexferd* démontre, dans sa *Dissentation sur les Filles publiques*, qu'elles lui font plus de tort, qu'une perte qui, tous les 15 ans, enleverait un vingtième d'habitans.

Et qu'on ne vienne pas renouveler cette objection, tant rebattue par une Police lâche, et par un vulgaire qui n'approfondit rien, savoir : qu'il y va de la sûreté et de l'honneur des honnêtes femmes, que le vice et la débauche soient relégués quelque part.

Quelque part ! Ne voit-on pas que c'est l'erreur dans laquelle Charles VI est tombé en 1420, qui autorisa les femmes de mauvaise vie, par cela même qu'il leur assigna des rues où elles pourraient demeurer ?

Est-ce que le vice ne doit pas être poursuivi jusque dans son dernier retranchement ? Est-ce qu'on ne parviendrait pas à extirper ces femmes débauchées, en tenant la main à l'exécution des Lois et Réglemens ? Le Législateur ne les a pas faits en vain. N'en doutons pas, le projet de Réglement de Henri IV, ferait seul disparaître, en un instant, toutes ces misérables créatures, tous ces mauvais lieux, qui se rencontrent partout. N'ayons pas la chimérique inquiétude des crimes secrets que cette mesure pourrait occasionner dans les familles honnêtes. D'abord, avec nos prostitutions publiques, on ne laisse pas que de corrompre, dans les familles peu vigilantes, toutes les personnes qu'on peut y séduire ; ainsi, nous ne remédions à rien : de plus, on y en corrompt davantage ; car la corruption publique infecte les mœurs particulières ; elle offre des asyles après les égaremens domestiques, et encourage à ces fautes privées, par le pis-aller de l'infamie qu'on tolère.

Ce sont nos tolérances immorales, qui produisent la violence decet instinct de brutalité, que l'on craint jusque dans les Temples. Il ne faut plus le souffrir; il faut le comprimer avec une force invincible. Des *ateliers*, des *maisons de travail* bien tenues, bien surveillées par une Police active et vigilante, balayeront, en huit jours, cette crapuleuse lie de nos villes infames. Que les moindres délits, en ce genre, y précipitent les corruptrices et les corrupteurs : alors, on y vivra dans une sécurité profonde; on n'y respirera plus que l'air de l'honnêteté, de la décence, et de la vertu.

---

## *De l'Adultère.*

Les art. 311, 312, 313, 314, et 315 du Projet, sont relatifs à ce crime. La femme adultère sera punie d'une détention de 3 mois, ou 2 ans, au plus, ainsi que son complice, qui payera, de plus, une amende, et des dommages et intérêts au mari.

Elle ne pourra être dénoncée que par le mari; elle pourra l'être d'office par le ministère public, si le mari y a ouvertement connivé; et dans ce cas, le mari, la femme et les complices, payeront une amende de 100 à 10,000 fr.

Ainsi, avec quelques mois de détention, et un peu d'argent, on sera absous du crime le plus grave, la violation du lien conjugal.

L'adultère était puni de mort chez presque tous les Peuples. Les *Hébreux* lapidaient. *Licurgue* et l'Empereur *Constance*, le punissaient comme le parricide. Les *Parthes* le faisaient mourir (*Justin*, *L.* 41.); ainsi que les *Lydiens*, les *Arabes*, les *Athéniens* et les *Lombards* (Diction. de Trév.). Les *Locriens* lui arrachaient les yeux. *Zœleucus*, leur Législateur, fit crever un œil à son fils, adultère, et un œil à lui-même. *Romulus* permit au mari de tuer sa femme, surprise *in delicto*. *Auguste* vit exécuter, dans ses propres enfans, la peine de mort qu'il avait prononcée. L'Empereur *Marin* faisait brûler vifs les adultères. Les Constitutions de *Charlemagne* et de *Louis-le-Débonnaire*, infligent la même peine. La femme adultère était pendue et brûlée, chez les *Saxons*. Les *Égyptiens* donnaient mille coups à l'homme, et coupaient le nez à la femme. En *Angleterre*, le Roi *Édouard* les traitait comme des homicides. Les *Allemands*, dit Tacite, permettent au mari de punir sa femme; il la chasse toute nue, la tête rasée, et la fouettant par les rues. *Numa* ne voulait point qu'elles approchassent de l'autel. *Ammien-Marcellin* rapporte (L. 28.), qu'un Sénateur eut la tête tranchée, pour adultère. Enfin, les *Vandales* le punissaient de mort.

On suivait, en France, l'authentique *sed hodie*, qui condamne la femme adultère au fouet, à la perte de sa dot, et autres conventions matrimoniales, et la relègue dans un Couvent pendant deux ans, pendant lesquels le mari peut la reprendre; sinon, elle est rasée, et y demeure le reste de ses jours.

Mais la peine va à la mort, s'il y a quelques circonstances atroces. *Papon* cite un Arrêt du Parlement de Toulouse, prononcé en Robes rouges, en 1567, qui, à la sollicitation du mari, condamne une femme, avec le Valet de son Fermier, à être pendus et étranglés.

Un Arrêt du Parlement de Paris, de 1551, a condamné un Valet à la mort, pour avoir commis adultère avec sa maîtresse endormie, quoique ce jeune homme y eût été excité, et pour avoir trop bu, et par les immodesties de sa Maîtresse.

Le Maître et la Maîtresse, qui, pour lui sauver la vie, déclarèrent qu'ils ne se plaignaient point, ne furent pas écoutés.

*Larocheflavin*, liv. 1, tit. 7, rapporte un Arrêt qui condamne deux adultères à être pendus, quoique le mari redemandât sa femme, et une fille, le complice.

La peine ordinaire des hommes adultères, est d'être condamnés à l'amende honorable, tête et pieds nus, en chemise, la corde au cou, tenant une torche allumée, et à genoux; au bannissement perpétuel, à la confiscation de ses biens, en l'amende, et aux frais.

La Loi *Patri*, 20, ff., permettait au père de tuer sa fille, pourvu que, du même coup, il tuât le complice, *inflagranti delicto*. Le mari pouvait tuer le complice, mais non pas sa femme.

Parmi nous, le mari qui tue sa femme, *in ipso instanti et actu*, est regardé comme homicide; mais on lui accorde facilement sa grâce.

---

## *Du Concubinage.*

Le mari qui aura entretenu une concubine dans la maison conjugale, sera puni d'une amende de 100 à 2000 fr., et en des dommages et intérêts, doubles de l'amende (*Art.* 314 *du Projet*).

### *OBSERVATIONS.*

Ne punir le concubinage du mari, que lorsqu'il aura lieu dans la maison conjugale, c'est le tolérer, l'approuver au dehors; scandale qu'il serait honteux d'autoriser.

L'Empereur *Antonin* fit une Loi (louée par *St.-Augustin*), qui ordonne que les hommes adultères ne seront point écoutés dans les plaintes qu'ils porteront contre leurs femmes, quand eux-mêmes leur en auront donné le mauvais exemple.

Les concubins mariés doivent être punis; leurs femmes ont droit de se séparer d'avec eux (*Papon, liv.* 22, *tit.* 9.).

Sans doute, il ne faut point d'inquisition dans l'État. Toute fille majeure, toute veuve, toute femme, juridiquement séparée, qui donne secrètement atteinte à son honnêteté personnelle, en souffrant qu'un homme l'entretienne, et ait près d'elle des assiduités coupables, n'a que Dieu pour Juge. Hors le cas de scandale, chacun est libre de toutes ses actions; la Loi n'a rien à y voir : mais aussitôt qu'il y a réclamation, qu'il y a scandale, mauvaises mœurs notoires, la Loi arrive, et garantit la Société de ce désordre public.

Cependant, si des voisins intolérans et soupçonneux, voulaient travestir en commerce coupable, des relations qui peuvent être innocentes, la Police ne doit en tenir aucun compte, à moins qu'ils ne se portent positivement pour *Accusateurs.* Mais il faut que le droit de dénonciation contre les mauvaises mœurs, appartienne à tout le monde; car chacun a intérêt à la bonté des mœurs publiques. Ainsi, tout sera équitablement balancé en faveur de la liberté civile et des mœurs. La Police ne pourra rien arbitrairement; il la faudra provoquer par un scandale notoire, ou une clameur publique, ou une plainte en forme, qui empêchera la calomnie, les soupçons, vagues, les accusations légères.

## *De l'Inceste.*

Il n'en est pas question au Projet.

En ligne directe, l'incestueux est puni de mort. Les Hébreux et les Lois romaines le punissaient du feu, avec confiscation des biens (*Loi I. au Cod. de incest. nupt.*).

Cette peine avait lieu entre le père et la fille; le fils et la mère; le frère et la sœur. Si l'un de ceux-ci était illégitime, la peine ne serait que le fouet et le bannissement.

La Jurisprudence des Arrêts est conforme.

Un Arrêt du Parlement de Toulouse condamne le gendre et la belle-mère à être pendus, étranglés et brûlés; les deux tiers de leurs biens confisqués, et l'autre tiers adjugé à la femme et aux enfans.

L'incestueux avec la *nièce* et la *tante*, était fustigé, condamné aux galères perpétuelles, et à l'amende. Jugé à Toulouse, par Arrêt du 12 Septembre 1548.

L'inceste du *Confesseur* avec sa *Pénitente*, est puni par le feu. L'inceste avec une Religieuse, est aussi puni de mort (*Dict. des Arrêts.*).

## *Des Crimes contre Nature.*

Le Projet est encore muet sur ces crimes, qui, pour être affreux, ne sont que trop réels; par cette raison, le Législateur doit s'en occuper.

La Loi divine punit de mort la sodomie (*Lévit. XX*). Dieu

Dieu la punit d'une manière terrible dans les Sodomites (*Genes. XIX.*).

C'est la peine du feu, par les Lois romaines (*Nov.* 77. 141.).

Notre Jurisprudence y est conforme, soit que le crime ait été commis *inter masculos*, soit *inter fœminas*. Papon en rapporte plusieurs exemples; entr'autres, de *Nicolas Dadou de Nulli-Saint-Front*, ancien Recteur de l'Université, qui fut pendu et brûlé avec le Procès (*Liv.* 22, *tit.* 7.).

Arrêt du 21 Mars 1720, qui condamne deux prisonniers à l'amende honorable, à avoir le poing coupé, et à être brûlés vifs, en Grève, pour violence par eux commise contre un Abbé, aussi prisonnier.

Un exemple plus récent de ce crime détestable, et de son châtiment, est l'Arrêt du lundi 5 Juin 1750, et celui du 5 Juillet suivant, qui condamnent les nommés *Duchauffour*, *Bruneaule*, *Noir*, et *Jean Diot*, sodomites, à être brûlés en place de Grève.

L'*hermaphrodite*, qui tient de la nature un sexe, et qui abuse des apparences de l'autre sexe, *cum personis ejusdem sexus*, est puni par le supplice du feu. Le Parlement de Paris a condamné au feu un hermaphrodite, pour crime pareil (*Caus. célèbres*, *tom.* 4.).

La force de la vérité, et la nécessité de la punition, nous imposent l'obligation de dire un mot sur le plus atroce des crimes, *la bestialité.*

La Loi divine prononce la peine de mort contre ce genre de crime : *Qui coierit cum jumento morte moriatur* (Exod. XXII. 19.). *Maledictus qui dormit cum omni jumento, et dicet omnis populus amen* (Deut. 27.).

Dans nos mœurs, ce crime est puni par le feu; l'on brûle la personne, le procès et la bête, pour qu'il ne reste aucun vestige de cette abomination. *Quia pecora*, dit le Can. *Mulier*, Caus. 15, 9. 1, *tali flagitio contaminata indignam refricans facti memoriam.*

Papon, liv. 22, tit. 7, rapporte un Arrêt du Parlement de Bordeaux, du 23 Septembre 1528, qui condamne *Antoine Duman* à être brûlé avec l'animal. Autre Arrêt du 6 Février, même année, contre *Guiot Vincenot*, condamné à la même peine.

Arrêt du Parlement de Paris, du 15 Décembre 1601, qui condamne *Claude de Culan*, de *Rosay* en Brie, Servante, convaincue de ce crime, à être brûlée, avec le procès et l'animal. Le *Diction. des Arrêts*, *Bouchel*, *Larocheflavin*, *Boniface*, fournissent les preuves des excès dont l'homme est capable en ce genre.

---

## *Maisons de Jeux.*

Le Projet de Cod. défend, art. 370, les jeux de hasard; il punit les Patrons, d'une détention de 6 mois, au plus, et d'une amende; et, à cet égard, il renvoie au Réglement de Police, sur les Jeux : ce n'est pas la peine, si c'est pour en ajourner l'exécution. Peut-être viendra-t-il un temps où l'on aura le courage de faire le bien; il ne faut que le vouloir (1).

---

(1) On peut, dit *Pollnitz*, tom. 2, lett. 38, regarder la fureur du jeu, en France, comme un de ses fléaux. Chacun sait que *Sulli* et *Péréfix* ont blâmé l'amour du jeu dans un de nos plus grands Rois. Les *Hébreux*

Un jeu, une récréation, qui ne serait qu'un délassement, serait licite, et sans inconvénient : c'est même un besoin pour les hommes, dans la Société.

Mais, j'entre dans une salle de jeux; j'y vois des *cartes*, des *dés*, et une multitude d'hommes qui spéculent, et font des vœux de fortune les uns contre les autres (voy. les Lois et Réglemens de Police; ils sont clairs et sévères, et n'ont besoin que d'exécution).

Le Proj. de Cod. renvoie aux Lois de Police, relatives *aux Fêtes et Cérémonies, aux Spectacles, et à l'Allocution habituelle au Peuple.*

Cette disposition a un point de contact avec l'ivrognerie, les Spectacles, et l'inobservation des Fêtes et Dimanches.

## *De l'Ivrognerie.*

Nous avons cinq Ordonnances de Charlemagne, des années 802, 803, 810, 812 et 813, où ce Prince déclare les ivrognes d'habitude, incapables de témoigner en Justice, et indignes d'être ouïs dans leur propre cause.

St.-Louis défend, par son Ordonnance de 1254, de recevoir aucune personne dans les Cabarets, pour y boire, à l'exception des passans, des voyageurs, ou de ceux qui n'ont aucune demeure dans le lieu du Cabaret.

François Ier ordonna, en 1536, que, quiconque serait trouvé ivre, fût incontinent mis en prison, et au pain et à l'eau,

ne connaissaient pas le jeu; ce nom même ne se trouve pas une seule fois dans l'Ecriture; encore aujourd'hui, des Peuples nombreux sont dans cette heureuse ignorance.

pour la première fois; et en cas de récidive, en outre, battu de verges dans la prison; et la troisième fois, fustigé publiquement; et s'il est incorrigible, puni par amputation d'oreilles et d'infamie, et de bannissement; et sera puni de la peine due au délit, s'il commettait *aucun mauvais cas* dans l'état d'ivresse.

Le judicieux Auteur du *Cod. pénal*, dit, avec raison, qu'il est fâcheux que l'usage ait laissé tomber en désuétude une Loi aussi salutaire.

Les Lacédémoniens enivraient leurs esclaves, et les montraient, dans cet état, à leurs enfans, pour les détourner, par ce spectacle, d'un crime qui est la honte de la raison.

---

## *De l'Inobservation des Fêtes et Cérémonies.*

Le Code pénal renferme, sur cet article, les Lois et Réglemens auxquels les Rédacteurs se réfèrent eux-mêmes; inutile donc de les analyser.

---

## *Des Spectacles.*

La même raison nous fera abréger cet article.

*Charlemagne* déclara infames les Histrions et les Farceurs, par une Loi de l'an 789.

Une Ordonnance du *Prévôt de Paris*, du 14 Septembre 1395, défend aux *Jongleurs* de ne rien dire, représenter, ou chanter dans les places publiques, ou ailleurs, de scandaleux, à peine d'amende arbitraire, et de deux mois de prison, au pain et à l'eau.

Le Parlement de Paris permit, par Arrêt du 9 Novembre 1548, aux Confrères de la Passion (c'était nos premiers Comédiens), de s'établir dans l'ancien Hôtel des Ducs de Bourgogne, qu'ils avaient acheté, et d'y avoir un Théâtre, à condition de n'y jouer que des sujets profanes, *licites et honnêtes*, et leur fit défense d'y représenter aucun Mystère de la Passion, ni autres Mystères sacrés (*Diction. de Trév.*).

En 1609, une Ordonnance de Police défendit aux Comédiens de représenter aucune comédie ou farce, qu'ils ne les eussent communiquées au Procureur du Roi (*Recherch. de Pasquier, liv.* 17.).

Louis XIII, par une Déclaration du 4 Avril 1641, défend à tous Comédiens de représenter aucune action malhonnête, ni d'user d'aucune parole lascive, ou à double entente, qui puissent blesser l'honnêteté publique, sous peine d'être déclarés infames, et autres peines qu'il écherra; enjoint aux Juges d'y tenir la main. En cas de contravention, veut que lesdits Juges leur interdisent le Théâtre, et procèdent contre eux, comme ils aviseront, sans, toutefois, ordonner plus grande peine que l'amende et le bannissement.

« Et en cas, est-il ajouté, que lesdits Comédiens règlent » tellement les actions du Théâtre, qu'elles soient du tout » exemptes d'impureté, nous voulons que leur exercice, qui » peut innocemment divertir nos peuples de diverses occupa- » tions mauvaises, ne puisse leur être imputé à blâme, ni » préjudicier à leur réputation dans le commerce public. »

En 1765, le Roi défendit toute représentation, pendant la semaine de la Passion.

Les Réglemens défendent les Spectacles, dans les temps d'une affliction ou calamité publique; et aux Farceurs, Bateleurs et Comédiens, de se servir d'habits ecclésiastiques. Un Capitulaire, rapporté par *Baluze*, l'avait déjà fait, à peine de punition corporelle, et d'exil.

*Valère Maxime* ne voulait pas que les femmes assistassent à la représentation des pièces galantes. La Nov. 117, permet au mari le divorce, en cas que la femme aille auxdits Spectacles, malgré lui.

*Julien* défendait aux Sacrificateurs de ses faux Dieux, d'y assister, de même que d'aller aux Cabarets (*Epist.* 49.).

Les Romains avaient tant de mépris pour les Acteurs, que tous ceux qui le devenaient, étaient chassés de leur Tribu; peine la plus infamante que pouvaient infliger les *Censeurs* (*Cicero, lib.* 4 *de Repub.*).

*Théodose, Gratien* et *Valentinien* défendirent, par une Loi du 19 Mai 386, à tous Juges de se trouver aux Jeux publics, soit du Théâtre, soit du Cirque, à l'exception des jours de la naissance et de l'avénement des Empereurs; leur défendent même, dans ces jours, d'y assister l'après-dîner. Défendent les Spectacles les jours de Dimanches, pour ne pas confondre, disent-ils, une Solemnité toute divine, avec des Spectacles profanes (*Cod. Théod. lib.* 2).

*Théodose le jeune* et *Valentinien* défendent de représenter aucun jeu, soit du Théâtre, soit du Cirque, les Dimanches, les jours de Noël, Epiphanie, Pâques, et les cinquante jours jusqu'à la Pentecôte; les Fêtes des Apôtres; afin, dit la Loi, que le Peuple, n'étant point distrait dans ces saints jours, par des plaisirs profanes, puisse appliquer tout son esprit au service de Dieu. Ils soumettent à cette Loi les Payens et les Juifs (*Lib. ult. de Spect. Cod. Théod.*).

Un homme, qui a lui-même donné des pièces au Théâtre, en fait une peinture extrêmement judicieuse (1).

Les Amateurs de Spectacles seront bien fâchés, sans doute, de rencontrer une telle censure, émanée d'un Philosophe qui les flatte en tant d'autres occasions.

Les Apologistes du Théâtre conviennent eux-mêmes de la nécessité de le réformer, et par conséquent, ils le condamnent; et il sera condamnable, en effet, tant qu'on sera dans l'attente de cette réforme. *Fagan* souhaite qu'on réforme la Comédie, « 1°. du côté de la Politique, à se rendre plus sévère sur le » choix des sujets (2). 2°. Du côté de la conscience, à main- » tenir les Réglemens déjà établis, qui consistent à ne point » permettre de pièces tirées de l'Écriture-Sainte, ainsi que

---

(1) « Je vois en général, dit le Philosophe de Genève, que l'état » de Comédien est un état de licence et de mauvaise mœurs; que les » hommes y sont livrés au désordre; que les femmes y mènent une vie » scandaleuse. Je pourrais imputer ces préjugés aux déclamations des » Prêtres, si je ne les trouvais établis chez les Romains, avant la nais- » sance du Christianisme : et non-seulement courant vaguement dans » l'esprit du Peuple, mais autorisés par des Lois expresses, qui décla- » raient les Acteurs *infames*, leur ôtaient le titre et le droit de Citoyen » Romain, et mettaient les Actrices au rang des Prostituées...... Loin » de distinguer entre les Comédiens, Histrions et Farceurs, *ni* entre les » Acteurs de Tragédies, et ceux des Comédies, la Loi couvre indis- » tinctement du même opprobre, tous ceux qui montent sur le Théâtre, » *quisquis in scenam prodierit, ait prætor, infamis est.* Tout est mauvais « et pernicieux; tout tire à conséquence pour les Spectateurs; et le » plaisir même du comique étant fondé sur un vice du cœur humain, c'est » une suite de ce principe, que plus la Comédie est agréable et parfaite, » plus son effet est funeste aux mœurs (*Réponse de J.-J. à d'Alembert*).

(2) Un Critique courageux vient de signaler à cette occasion,

» plusieurs Magistrats s'en sont déjà déclarés. 3°. A mettre » ordre à la conduite des Acteurs et des Actrices, qui éclaterait trop, comme on en a vu plusieurs exemples. 4°. A recom-

l'inconvenance d'une nouvelle Pièce, dite *les Templiers*, et la légéreté avec laquelle on l'a reçue au Théâtre.

« Le succès, dit-il, va toujours croissant, parce que le fanatisme s'en mêle........ Et on applaudit, non la pièce, mais le sujet ; et les Apologistes se présentent en foule. Cependant, qu'en dit un Historien sage, éclairé, vertueux, dans un Ouvrage, approuvé même par Voltaire? Je veux parler du savant et pieux abbé *Fleury*, qui, dans son Histoire Ecclésiastique, s'exprime ainsi :

» *Les crimes* des Templiers vinrent à un tel excès, qu'on fut obligé » de les abolir au Concile général de Vienne, avant les 200 ans accomplis, » depuis leur institution ; et les faits dont ils furent accusés sont si » atroces qu'on ne peut les lire sans horreur, et qu'on a peine à les » croire, quoique prouvés par des procédures authentiques. »

Le Père *Daniel*, Historien très-grave, est du même avis.

« *Les Templiers*, dit Voltaire, *vivaient chez leurs Compatriotes, avec tout l'orgueil que donne l'opulence, et dans les plaisirs effrénés que prennent des gens de guerre, qui ne sont point retenus par le frein du mariage.* »

» C'est un Spectacle bien curieux, bien instructif, pour un Sage, qu'une représentation *des Templiers ;* c'est là, qu'on voit, dans toute leur misère, les faiblesses de l'esprit humain : les uns pleurent comme à la Passion ; les autres sont pétrifiés par une admiration stupide ; ceux-ci se livrent aux transports les plus violens, surtout quand on déclame contre le Despotisme, l'Inquisition et les Prêtres ; ceux-là, ont un air de dévotion, de recueillement et de ferveur, comme s'ils faisaient une station devant la Chapelle de quelque Martyr ; la plupart applaudissent, avec une sorte de rage aveugle, les endroits les moins dignes de l'être. Si l'engouement fait encore des progrès, le Théâtre Français ressemblera bientôt au cimetière de St.-Médard ; on invoquera Jacques *Molay* (Grand-Maître des Templiers, et le Héros de la Pièce) comme le Diâcre *Pâris ;* et les Templiers ne tarderont pas à faire des miracles.....

Il n'y a pas de milieu, ou les Tribunaux ont acquis la preuve légale

mander

» mander enfin aux Censeurs, de redoubler d'exactitude, pour » ne souffrir, dans les pièces, ni impiétés, ni satires person» nelles, ni obscénités. » (*Observ. sur les Comédiens, Paris*, 1751).

---

des crimes des Templiers, ou il faut supposer que le Pape Clément V, le Roi Philippe le Bel, tout ce que l'Eglise et l'Etat avaient alors de plus respectable, s'est accordé pour tramer contre l'innocence le complot le plus infernal; et que tous ces illustres personnages, honorés de l'estime publique, étaient les plus infames des scélérats; ou bien il faut convenir que les crimes des Templiers, ont été juridiquement prouvés. Voilà le dilemme...... »

« Je n'ai point d'autre but que d'empêcher l'opinion publique de s'égarer. J'ai vu avec peine qu'on offrait à l'admiration, des hommes diffamés, méprisables par leurs mœurs; et j'ai cru qu'il importait, au bon ordre et à la Société, de ne point souiller la scène et la littérature de pareils *Héros*, et de ne pas prostituer l'estime à des êtres vils, auxquels l'humanité ne doit, tout au plus, que la pitié. »

« Ce qui m'a, surtout, mal disposé pour les Templiers, c'est qu'ils sont en vénération dans ces malheureuses sectes d'*illuminés*, foyers du fanatisme le plus destructeur, et qui menacent d'embraser l'Europe entière. Mon garant et le fameux *Cagliostro*, autorité grave dans cette matière; il dit, lui-même, que la première secte d'illuminés, dite de la *stricte observance*, a principalement en vue la destruction totale de *la Religion Catholique, et de la Monarchie, sous le prétexte de venger la mort du Grand-Maître des Templiers.* Le même Cagliostro dit avoir vu la formule du plus horrible serment, qui contenait l'engagement de détruire tous les Souverains : cette formule était écrite dans un livre qui avait la forme d'un *Missel;* et au commencement on lisait ces mots : *Nous Grand-Maître des Templiers.* »

« Je suis donc autorisé à regarder les Templiers comme des ennemis de la Religion et du Gouvernement; et comme tels, ils m'ont extrêmement déplu sur la scène, sans m'inspirer aucun autre intérêt que celui qu'inspire le supplice d'un scélérat; et cet intérêt n'est point du tout l'intérêt tragique. »

## Des Vols.

Les voleurs, au Projet, sont punis, les uns, de *mort;* les autres, des *travaux forcés à perpétuité;* ceux-ci, des *travaux forcés à temps;* ceux-là, de la *réclusion;* d'autres, d'une simple *détention* de 2 à 5 ans, avec *amende;* et *suspens*, dans quelques cas, des *droits civils;* et même, mis pour un temps en *surveillance* (*Art.* 340 *jusqu'au* 362 *du Proj.*).

### OBSERVATIONS.

Cette gradation de peines, annonce bien quelques circonstances aggravantes ou atténuantes dans le vol; mais les distinctions nécessaires ne sont pas posées comme dans nos Ordonnances.

La Loi Salique ne punissait les voleurs que par des amendes; mais, dès 593, une loi de *Childebert* Ier et de *Clotaire* Ier, les punit de mort; et apparemment que *Dagobert* avait trouvé la peine trop sévère; car, en 630, il condamna, pour le premier vol, à avoir l'œil arraché; pour le second, la main coupée; pour le troisième, à la mort.

Mais St.-Louis punit tous les voleurs, de la *potence*, par une Loi de 1270; et comme l'expérience avait montré l'insuffisance de ce genre de mort, et que les vols s'étaient accrus d'une manière effrayante, François Ier fit, en 1534, son Ordonnance portant peine de *la roue.*

Ensorte, que la mort sur la roue se maintint, pour les vols de grands chemins, et dans les maisons, avec effraction; comme aussi la mort pour vols dans les Maisons royales, sans avoir égard à la valeur des choses volées (Déclaration de 1677); et pour vols domestiques (Louis IX, 1270; Louis XV, Déclaration de 1724).

Ici, outre le vol avec violence puni de mort, la même peine est proposée pour le même crime, commis avec la réunion de cinq circonstances, indiquées à l'art. 343; comme aussi la *réclusion*, pour vols commis, sans ces circonstances, mais dans cinq autres cas, exprimés à l'art. 347.

Le but des Rédacteurs nous semble manqué. 1°. Ils ont cherché à prévoir tous les cas, pour ne rien laisser à l'arbitrage des Juges. 2°. Les voleurs échapperont souvent aux distinctions subtilement posées. 3°. Enfin, la *réclusion* est insuffisante pour les vols importans, qui sont confondus avec les vols légers.

Quoi! la simple réclusion pour le vol domestique, avec effraction, enlèvement de bornes, vol de poissons en étang, chevaux, bétail, ou voitures!

On ne parle pas des voleurs d'Église, à moins qu'on ait entendu les comprendre dans le mot *Édifices*, qui se trouve exprimé dans quelques articles; mais on équivoquera : et toujours on a senti la raison de distinguer les voleurs d'Église, que la Déclaration de 1724 punissait des galères à temps, ou à perpétuité, pour les hommes; et les femmes, de la flétrissure, avec la réclusion perpétuelle ou à temps, sans préjudice de la peine de mort, le cas échéant.

Et ce cas est le *vol sacrilége*, lorsqu'au vol est jointe la profanation des choses saintes.

Le mépris de tout ce qu'il y a de plus sacré parmi les hommes; l'espèce d'insouciance qu'une humanité coupable a mise à la recherche des vols; les moyens extraordinaires que les Lois nouvelles ont fourni aux voleurs, pour échapper à la conviction, soit dans la création d'un Jury; soit dans la *question intentionnelle;* soit dans la ressource d'un Défenseur peu délicat; tout cela, joint à l'impunité, a si prodigieusement pullulé ce genre de crime, qu'on n'est plus en sûreté nulle part; et l'exposition publique est presque devenue, pour les criminels, un jour de fête!

Le Projet ne parle point du crime de *plage*, ou vol d'hommes. L'Exode et les Lois romaines, prononcent la mort contre les plagiaires. On punit de mort les gueux qui volent des enfans et les mutilent; au lieu qu'on ne les condamne qu'aux galères, quand il n'y a point eu de mutilation.

---

## *De la Banqueroute frauduleuse.*

---

Ce crime est puni de la *réclusion*, et d'une amende égale au quart de la valeur des choses soustraites (*Art.* 366 *du Proj.*).

Ceci est une extrême modification de l'Ordonnance de 1673, qui punit de mort les banqueroutiers frauduleux (*art.* 12 *du tit.* XI); conformément aux anciennes Ordonnances d'Orléans, de Blois, et autres.

Il est vrai que la Jurisprudence a adouci cette rigueur. L'amende honorable, le pilori, le carcan, les galères ou bannissemens à temps ou à perpétuité, sont les peines d'aujourd'hui.

Mais ne sont-ce pas ces adoucissemens, ou plutôt cette inexécution des Ordonnances, qui a rendu les banqueroutes si fréquentes, si scandaleuses? Chaque jour, la fortune de nombre de familles ne devient-elle pas la proie d'un individu, d'une compagnie de fripons, qui, mettant tout en porte-feuille, ne disparaissent un moment, que pour afficher bientôt après, un luxe insolent, à la vue même de leurs légitimes créanciers ?

C'est donc la Société entière qui réclame justice et sévérité, qui demande l'exécution des Lois contre ces grands voleurs, d'autant plus coupables, qu'ils font plus de victimes; d'autant plus criminels, qu'ils conspirent contre le Commerce lui-même, en trompant la bonne-foi, qui en est l'âme et la vie.

Cette partie de la Législation est d'une telle importance, qu'elle agit, par sa nature, puissamment sur l'ordre social; et le but du Législateur doit être, d'arrêter enfin, par de sages mesures, ces banqueroutes, qui, comme un torrent dévastateur, tend à engloutir toutes les fortunes. Pour cet effet, il faut une Loi, et des exemples de sévérité. Il en existait; mais on ne les observait pas : le bras du père de famille était levé; il menaçait toujours, et ne frappait jamais les coupables, qui ne l'écoutaient plus, et méprisaient ses lois.

---

## *Du délit d'incendie involontaire des Propriétés.*

---

*L'art.* 418 *du Proj.*, propose une *amende* de 200 fr., au plus, pour avoir causé l'incendie d'une Propriété, par imprudence ou négligence.

### *OBSERVATIONS.*

Un délit, qui serait un crime digne de mort, si la malice y avait eu quelque part, devrait, au moins, dans le cas de négligence posé au Projet, donner ouverture à une indemnité en faveur du Propriétaire de l'objet incendié.

Cette indemnité est de justice. Une amende de cette espèce serait peu propre à provoquer la vigilance; et l'imprudence ou la négligence ne vient que d'un défaut de crainte. Il faut, à côté de l'homme naturellement indolent, paresseux, insouciant sur l'intérêt d'autrui, ce ressort, qui le porte sans cesse à y donner ses soins.

Ce principe est si vrai, qu'il est consacré au Code Civil dans une espèce qui reçoit ici son application : l'art. 1773, dit, que le Locataire répond de l'incendie, à moins qu'il ne prouve que l'accident est arrivé par cas fortuit, ou force majeure, ou par vice de construction, ou que le feu a pris par une maison voisine; donc le Locataire est garant de l'incendie, s'il provient de sa négligence, ou de son imprudence, et doit indemniser le Propriétaire.

Si les Rédacteurs n'ont pas entendu, par l'art. cité du Projet, déroger à ce principe, auquel, au contraire, ils veulent ajouter une *amende*, il nous semble nécessaire de l'exprimer, pour éviter toute équivoque.

Les *peines* portées au Liv. IV du Proj., pour *contraventions de police*, nous ont paru ne mériter que des éloges.

Mais on ne nous en demande pas. Les matières, dans le Livre III, ne nous semblent pas parfaitement classées, ni assez divisées dans l'ordre des délits et des peines. Ce défaut, bien facile à lever, nous a frappé, surtout dans le Titre 2, qui ne contient que deux Chapitres, et seulement trois sous-divisions, pour 156 Articles.

Nous pensons, que chacune des matières traitées au Chap. Ier, doit frapper l'œil, et soulager l'attention, par un *Titre particulier* qui l'annonce; cela aussi, pour l'ordre des idées; et c'est à quoi, nous nous sommes assujéti nous-même.

Nous n'avons pas pénétré la raison qui a porté les Magistrats-Rédacteurs du Projet, à commencer par la partie *des délits et des peines*, et à finir par l'organisation des Tribunaux et l'Instruction criminelle. Ne devaient-ils pas, au contraire, agir en sens inverse, et faire, de la Procédure criminelle, l'objet de la première Partie; et traiter, dans la seconde, des délits et des peines?

Cette marche nous a paru si naturelle, que nous l'avons suivie dans notre travail; l'ordre des idées nous a semblé l'exiger; l'Ordonnance criminelle elle-même débute par la compétence des Juges, par la Plainte, l'Information, l'Instruction; et arrive ainsi à l'Interrogatoire de l'Accusé, à son absolution, ou à l'application de la peine. Dans le fait, le Législateur, la Loi, le Magistrat, l'Instruction, le coupable, le délit, la peine : voilà la gradation, et la nature des choses. Ainsi, dans le mécanisme d'un Code Criminel complet, voyons d'abord la partie relative aux Juges et à la Procédure; puis arrivera, comme complément, la partie des délits et des peines.

Si nous avons fait quelques recherches, c'est qu'il nous a semblé bon de mettre nos Lecteurs à portée de peser mûrement le mérite du Projet, par comparaison avec nos anciennes Lois.

Maintenant, on sait qu'il n'y ressemble guère; c'est toute autre chose : le Peuple est devenu plus corrompu, plus méchant; il en reçut la peine de ses propres mains. N'importe; les crimes sont plus multipliés, plus atroces que jamais; et l'on veut moins de sévérité dans leur châtiment! On a voulu prévoir tous les cas; et les délits échapperont en foule à la sagacité du Législateur! Car, où est la Législation qui ait prévu tous les délits que la malice humaine peut commettre? Ce Code parfait (dit M. *Servan*, Avocat-Général distingué), est une erreur platonicienne, dont on ne trouve d'exemple nulle part. Et que sont ces Juges, chargés de la triste et humiliante mission d'appliquer la Loi, sur l'opinion manifestée, de quelques individus, qui leur seront toujours inférieurs dans l'intérêt de la Justice et de la Société? On a ravalé toutes les idées reçues; tout a changé de nom; et cependant les choses, immuables de leur nature, demeurent; seulement les crimes et délits restent, à quelques exceptions près, dans leur ancienne dénomination; mais celle des peines ne se retrouve plus. Ce n'est plus, ni le feu, ni la roue, ni la potence; c'est la guillotine, et toujours la guillotine; toujours! toujours cet instrument infernal, que le ciel, dans sa colère, remit à des tigres à figure humaine, et qui aurait dû disparaître avec eux pour jamais! Ce n'est plus le bannissement, ce ne sont plus les galères, la prison; ce sont la déportation, les travaux forcés, la réclusion; la détention : cela est bien plus beau, bien plus digne du siècle des lumières! C'est un grand mal, que de changer ainsi l'opinion sur les peines, en leur donnant d'autres noms; le but de la Loi est d'inspirer la crainte : ici, ce sentiment est-il aussi profond dans l'âme des coupables, par l'idée de la réclusion, des travaux forcés, de la déportation, même de la guillotine, que par celles de la prison, des galères, du bannissement, de la flétrissure, de la potence? Quelle différence dans l'opinion, quoiqu'au fond ce soient les mêmes peines! Anathême à ces innovations, qui conspireraient contre le repos des États, en chassant la crainte du cœur humain, pour multiplier les crimes, tenir les échafauds en permanence, ou les renverser par l'impunité! Un Comédien s'offenserait aujourd'hui de ce nom; c'est un Artiste! Un Bourreau s'indignerait de cette qualification; c'est un Citoyen comme un autre! Les Laquais, les Valets, veulent être des hommes, les Servantes, des femmes de confiance! Quelle singulière métamorphose!

Naguères,

Naguères, nos idées du bien, du mal, du vice, de la vertu, étaient vraies; le crime nous était odieux; nous en étions épouvantés : aujourd'hui, tout nous est familier; les méchans ne tremblent plus; ils n'ont que de l'audace, jusque dans le Temple de la Justice; ils ont rompu la barrière du Sanctuaire; les Législateurs et les Magistrats étaient des Dieux; mais ils sont devenus des hommes! et leur avilissement a rejailli sur la Justice! L'Exécuteur de ses Arrêts ramassait ses patentes, jetées sous la table de la Chancellerie, en signe d'horreur qu'inspirait un pareil emploi; sa seule présence glaçait l'âme des spectateurs, comme du criminel: aujourd'hui, c'est un *Citoyen*, qui ne fait d'impression sur personne. Ce sentiment profond du bien, cette aversion, cette horreur inexprimable pour le mal, seraient-ils donc effacés de nos cœurs! Ce prestige délicieux, qui commandait le respect pour les Juges, et la crainte pour leurs Jugemens, n'existerait-il donc plus!

Elle est grave, la tâche de donner des Lois à un grand Peuple; elle est plus grave encore, quand il est question de savoir, s'il faut en substituer de nouvelles à celles qui ont formé ses usages, ses habitudes, ses préjugés. De bonnes Lois criminelles sont le garant de la liberté civile. Le but du Législateur est de donner, non des Lois parfaites, mais les meilleures possibles à l'intelligence humaine; il hait la licence, qui détruit, et ne remplace pas, ou remplace mal. Ses vues sont droites, et au-dessus de toute considération; ses règles se puisent toutes dans sa conscience. Les idées, les opinions, les innovations, produites par des événemens brusques et violens, ne l'affectent point; il ne s'arrête pas à des Lois, à des Institutions, qui sont bien plus l'ouvrage de l'erreur, que de la réflexion; mais il pèse les Lois qui furent le fruit de la sagesse et de l'expérience; il fait de généreux efforts, pour embrasser, de la pensée, le passé, le présent, et l'avenir, sachant qu'il sera cité lui-même au Tribunal du Suprême Législateur, de l'opinion publique, et de la postérité. « Jamais, dit un grand Magistrat, » un Peuple ne s'est livré à la périlleuse entreprise de se » séparer subitement de tout ce qui l'avait civilisé......... Si, » depuis long-temps, la Nation française occupe le premier » rang parmi les Peuples policés, elle doit encore ne procéder » à des réformes qu'avec de sages ménagemens; il doit, en » s'élevant avec la vigueur d'un Peuple nouveau, conserver » toute la maturité d'un ancien Peuple......... Pourquoi aurions-» nous l'imprudence, de répudier le riche héritage de nos » pères?......... On peut indifféremment porter la faux dans » un champ, qui est en friche; mais sur un sol cultivé, il faut » n'arracher que les plantes parasytes qui étouffent les produc-» tions utiles.......... Les théories nouvelles, ne sont que les » systèmes de quelques individus; les maximes anciennes, sont » l'esprit des siècles (*Disc. de* PORTALIS, *du* 3 *Frimaire an* » 10, 15 *Décembre* 1804, *sur le Proj. de Cod. Civ.*). »

*FIN.*

# TABLE

## Des Titres contenus en cet Ouvrage.



## I^ere PARTIE.



## II^e PARTIE.

### OBSERVATIONS SUR LE PROJET DE L'INSTRUCTION.

TABLE.

# III^e PARTIE.

## DES DÉLITS ET DES PEINES.



FIN DE LA TABLE.

www.ingramcontent.com/pod-product-compliance
Ingram Content Group UK Ltd.
Pitfield, Milton Keynes, MK11 3LW, UK
UKHW021036230726
13926UKWH00004B/1515